Die Haltung der Schlangen Europas und ihr Schutz

Kurt Orth

Zusammenfassung

Reptilien gehören in Europa zu den in ihrer Existenz am meisten bedrohten Tierarten. Unter den Reptilien sind besonders die Schlangen in einer schwierigen Situation. Da sie nur bei den wenigsten Menschen Sympathie finden, ist ihr Schutz oftmals aussichtslos. Und unter den Schlangen sind gerade die Vipern besonders verfolgt.

Um das Überleben von verschiedenen Arten von Schlangen zu garantieren ist es von entscheidender Bedeutung, deren zukünftige Existenz durch Erhaltungszuchten sicher zustellen. Die wichtigsten Gesichtspunkte, wie diese Tiere zu halten und zu vermehren sind, werden hier aufgezeigt.

Ebenso gehe ich auf Schutzmaßnahmen ein, die nicht nur den Schutz des Lebensraumes betreffen. Denn der Schutz des Lebensraumes ist zwar immens wichtig, hat sich aber in der Realität als nicht ausreichen herausgestellt. Selbst in geschützten Gebieten gehen die Bestände drastisch zurück. Das kommt zu einem großen Teil durch eine gestiegene Zahl von natürlichen Feinden. Aber die direkte Verfolgung durch unvernünftige Zweibeiner spielt ebenso eine große Rolle.

Kurt Orth

Einleitung

Im Laufe von über vierzig Jahren hielt und züchtete ich Schlangen und andere Tiere aller Gattungen, Arten und Unterarten. Die ersten Jahre habe ich mich dabei an die ungiftigen Schlangenarten gehalten bis ich nach fünf Jahren in Meran die erste und unerwartete Begegnung mit einer Aspisviper hatte. Dieses Zusammentreffen machte auf mich einen so starken Eindruck, dass ich bei nächster Gelegenheit bei einem befreundeten Terrarianer ein Paar dieser Vipern erstand. Diese schönen Vipern beeinflussten meine weitere Laufbahn als Terrarianer nachhaltig. Im Gegensatz zu den meisten bis dahin von mir gepflegten Nattern und Riesenschlangen waren diese Vipern fast den ganzen Tag nicht nur zu sehen, sondern auch die meiste Zeit aktiv.

In den darauffolgenden Jahren waren dann die meisten der Europäischen Vipern und einige außereuropäische Giftschlangen meine Pfleglinge.
Besonderen Dank schulde ich meinem Freund Ludwig Trutnau, der mich mit vielen

Ratschlägen unterstützt hat. Leider gibt es vermehrt einige Neunmalkluge, welche diesen großen Autor und Terrarianer nicht zu schätzen wissen, beziehungsweise kritisieren. Er hat über Jahrzehnte Pionierarbeit für die Terraristik geleistet. Die meisten seiner jetzigen Kritiker haben noch ihre Windeln mit Inhalt gefüllt, als Trutnau seine ersten Veröffentlichungen mit wichtigem Inhalt füllte. Das sich nach Jahrzehnten so manche Information revidiert hat, kann man Trutnau nicht anlasten. Erst die letzten Jahrzehnte war es für viele möglich, in die Heimat der Pfleglinge zu reisen. Ebenso gab es damals noch kein Internet, heute ist es ein Kinderspiel an Informationen zu kommen. Wer sich heute bemüßigt sieht, seine Leistungen zu kritisieren, sollte selber versuchen etwas zu leisten.

Ebenso danke ich Mario Schweiger, seine Erfahrungen haben mir so manches Mal weitergeholfen. Keiner sollte der Meinung sein, er alleine hätte das Pulver erfunden. Nur mit den Erfahrungen langjähriger Pfleger von Reptilien ist eine verantwortliche Pflege möglich. Dieser Erfahrungsaustausch ist nicht nur elementar wichtig für die artspezifische Pflege, er macht auch einen besonderen Reiz unseres Hobbys aus.

Inhaltsverzeichnis

Vorwort

Bedingt durch die fortschreitende Bedrohung sehr vieler wild lebender Tierarten stellt sich immer wieder die Frage, ob die Haltung von Wildtieren in Menschenobhut noch zeitgemäß und zu verantworten ist. Aufgrund mehr oder weniger fundierter Vorwürfe von Seiten selbsternannter Naturschützer kommen auch die Halter von Terrarientieren nicht umhin, sich kritisch mit ihrer Beschäftigung auseinanderzusetzen.

Zum Glück sind in den letzten Jahren die Nachzuchterfolge bei den meisten Reptilien und Amphibien erfreulich gut, so dass eine Entnahme der Tiere aus der Wildbahn bei vielen Arten überflüssig geworden ist. Leider hat sich das bei so manchem einnahmeorientierten „Tierfreund" noch nicht herumgesprochen. Immer noch werden leider die spärlichen Bestände gerade der Kreuzotter geplündert.

Trotzdem ist es wichtig, eine Antwort auf die Frage zu haben, warum überhaupt Tiere im Terrarium gehalten werden. Die meisten angeblichen Naturschützer vergessen, dass ein wirkungsvoller Schutz der Tiere nur möglich ist, wenn wir über ihr Verhalten und ihre Lebensansprüche genau Bescheid wissen.

Es reicht eben bei weitem nicht, einen Lebensraum zu erhalten und unter Schutz zu stellen, um das Überleben von Tierarten zu sichern. Die Wechselwirkungen in der Natur und der Arten untereinander sind so komplex, dass die genauen Kenntnisse darüber für den Schutz unabdingbar sind. Diese Kenntnisse sind bei den versteckt lebenden Reptilien zum größten Teil nur durch Beobachtungen in Zimmer- und Freilandterrarien zu gewinnen. Wirkungsvoller Tierschutz ist Tierliebe plus Sachverstand, eine Argumentation "aus dem Bauch heraus" hilft nicht weiter.

Doch gerade bei den Europäischen Vipern kommt noch ein Aspekt hinzu, der besonders für die Terrarienhaltung spricht und der von vielen Naturschützern überhaupt nicht beachtet wird. Es ist in keinem Teil der Welt bisher überhaupt möglich, bei der Bevölkerung Verständnis für den Schutz und das Überleben von Giftschlangen zu wecken und das sinnlose Erschlagen der Tiere zu unterlassen. Die zumindest in Deutschland und dem größten Teil Europas völlig unbegründete Angst der Menschen ist Jahrhunderte alt und sehr schwer zu überwinden. Doch gerade die Mischung aus direkter Verfolgung und dem immens steigenden Zivilisationsdruck bedeutet für einen gefährlich großen Teil der Vipernpopulationen die restlose Vernichtung.

Im größten Teil Deutschlands zum Beispiel wird in wenigen Jahren Vipera berus berus restlos ausgerottet sein und in den meisten ehemaligen Lebensräumen ist diese schöne und eigentlich vergleichsweise harmlose Otter schon verschwunden. Das gleiche gilt für Vipera ammodytes gregorwallneri in Österreich, Vipera ammodytes ammodytes in Istrien, Vipera aspis im Schwarzwald und ganz besonders Vipera ammodytes ruffoi bei Bozen (s. a. Brodmann 1987).

Diese und viele andere Arten können nur erhalten werden, wenn sie bis zu einer wesentlichen Besserung ihrer Überlebensbedingungen in Menschenobhut weiterbestehen. Das eigenartige Argument von bestimmten Gruppen, das Aussterben von Arten würde die Allgemeinheit aufrütteln und hätte daher positive Aspekte für den Naturschutz, ist reine Dummheit. Das Aussterben von den meisten Tierarten würde von dem größten Teil der Menschheit überhaupt nicht bemerkt werden, geschweige denn zu einem Umdenken führen. Das Aussterben der Vipern würde sicher von großen Teilen der Bevölkerung eher begrüßt. Noch sind die Menschen nicht annähernd so aufgeklärt, dass sie die Zusammenhänge in der Natur in ihrer Gänze auch nur erahnen könnten.

Haltung

Es ist nicht besonders schwierig die meisten Europäischen Schlangen im Terrarium zu pflegen und über viele Generationen zu züchten (s. a. Schweiger 1992). Seit über vierzig Jahren halte und züchte ich die verschiedensten Schlangen und es sind nur wenige Bedingungen, die zu einer erfolgreichen Zucht beachtet werden müssen.

Bei der Einrichtung des Terrariums ist drauf zu achten, den Tieren genügend Verstecke und eine Stelle zur Aufnahme von Strahlungswärme zu bieten. Die Belüftung spielt eine wesentliche Rolle zum Wohlbefinden der Tiere, die Lüftungsflächen dürfen nicht zu klein sein. Wasser sollte in Form eines Gefäßes und durch tägliches besprühen von Behälter und Tieren zur Verfügung stehen.

Zucht

Für die Zucht von Europäischen Schlangen ist die Winterruhe von besonderer Bedeutung. Nach der Winterruhe kommen zuerst die männlichen Tiere ins Terrarium und nach etwa zwei Wochen die Weibchen.

Als Substrat für den Überwinterungsbehälter hat sich leicht feuchtes Laub mit Walderde bestens bewährt. Viele Autoren empfehlen ein Trinkgefäß im Überwinterungsbehälter, ich konnte während dieser Zeit nie eine Flüssigkeitsaufnahme beobachten und halt sie auch nicht für wahrscheinlich.

Im Lebensraum ist es für die Schlangen unmöglich, ihr Versteck zu verlassen, um Flüssigkeit aufzunehmen. Bei den niedrigen Temperaturen zu dieser Zeit ist eine Aktivität für ein kaltblütiges Reptil nicht möglich. Sie wären kaum bewegungsfähig und eine leichte Beute für alle Feinde. Eine Kontrolle der Schlangen während der Winterruhe ist wenig nützlich, sie sind ziemlich inaktiv und lassen kaum Schlüsse über ihren Gesundheitszustand zu.

Nach etwa drei bis fünf Monaten ist die Winterruhe beendet und die Schlangen werden langsam an höhere Temperaturen gewöhnt. Jetzt ist es besonders wichtig, das sauberes Trinkwasser zur Verfügung steht, damit die Schlangen ihren Wasserhaushalt in Ordnung bringen können. Erst wenn die Schlangen Wasser aufgenommen haben und sich auf die aktive Zeit des Jahres eingestellt haben, wird wieder mit der Fütterung begonnen.

Nach der Frühjahrshäutung der Männchen beginnen nun die Paarungsaktivitäten. Pflegt man mehrere Tiere in einem Terrarium, ist es vorteilhaft, die verpaarten Weibchen separat zu halten um die geborenen Jungtiere oder abgelegten Eier eindeutig zuordnen zu können. Bei paarweiser Haltung können die Tiere zusammen bleiben. Die Aufzucht der frischgeborenen Schlangen bereitet in der Regel keine Probleme, bei Futterverweigerung über mehr als 4 Wochen biete man den Tieren Teile von kleinen Mäusen oder Eintagsküken an. Stopfen sollte erst das allerletzte Mittel sein, die Tiere am Leben zu halten

Es sollte für jeden selbstverständlich sein, nur Tiere aus dem gleichen Verbreitungsgebiet und der gleichen Unterart zu verpaaren. Die räumliche Trennung hat bei den Schlangen zu einer Vielzahl von Standortformen geführt, die in der Erhaltungszucht unbedingt rein erhalten werden sollten.

Zum Beispiel kommen in manchen Teilen Deutschlands Schwärzlinge von Vipera berus bereits schwarz auf die Welt, in anderen Teilen färben sich die Tiere mit zwei bis drei Jahren schwarz (s. a. Schiemenz 1987, Orth 1992).

Besonders eindrucksvoll zeigt Brodmann in seinem Buch "Die Giftschlangen Europas und die Gattung Vipera in Afrika und Asien" die unterschiedlichsten Standortformen.

Hier halte ich einen kleinen Exkurs zur Entstehung von Arten für wichtig. Charles Darwin (*12.Februar 1809 in Shrewsbury; gestorben 19. April 1882 in Downe)gilt allgemein als der "Erfinder" der Evolutionstheorie. Dabei war er nur einer von jenen Wissenschaftlern, welche vor etwa hundertfünfzig Jahren Erklärungen für die Entstehung von Arten suchten.

Hierbei war die Untersuchung von abgelegenen Inseln und deren Tierarten von besonderer Wichtigkeit. Besonders hier konnten sich Arten ohne Druck von herrschenden Arten entwickeln. Darwin hat angeblich hierfür besonders die Finken auf Galapagos eingehend studiert (oder waren es die Spottdrosseln?). Als scharfsichtiger Wissenschaftler soll er erkannt haben, dass sich hier eine eingewanderte Vogelart erstaunlich angepasst hatte.

Ohne Konkurrenz durch andere Arten hatten diese Vögel alle ökologischen Nischen besetzt. Was auf dem Festland durch viele verschiedene spezialisierte Vogelarten repräsentiert wird, hatte hier eine einzige Art durch Anpassung und Neubildung von anderen Arten erreicht. Diese neu gebildeten Arten hatten dann neue Möglichkeiten zum Überleben ausgebildet. Auch hier gab es einen ökologischen Druck. Nicht durch andere Arten aber durch die einzelnen Individuen innerhalb einer Art. Dieser innerartliche Druck hat zum weiteren Aufspalten der Art geführt.

Alfred Russel Wallace (geboren 08. Januar 1823 in Usk; gestorben 07. November 1913 in Broadstone) war einer jener anderen Forscher, die neben Darwin die Entstehung der Arten zu entschlüsseln suchten. Wie Darwin hat auch Wallace auf Fernreisen die Bedeutung von "Verinselung" für die Entstehung neuer Arten erkannt.

Das Leben auf der Erde ist in keinem fest gefügten Zustand. Es ändert sich permanent durch Anpassung an Feinddruck, Futterkonkurrenz, Nahrungsangebot, Temperaturveränderungen und viele andere Faktoren.

Ändern sich die Lebensbedingungen für eine Art, muss sie sich anpassen oder sie verschwindet und macht anderen Arten Platz. Im Laufe der Erdgeschichte gab es immer wieder große Artensterben, welchen die Entwicklung neuer Arten folgte. Zum Beispiel wurden viele Dinosaurierarten durch eine sich veränderte Umwelt und eine Umweltkatastrophe hinweg gerafft. Die Säugetiere, welche bis dahin ein verborgenes Schattendasein führten, konnten sich nun ungehindert entwickeln und wurden eine bedeutende Lebensform. Solche Entwicklungen sind auf Inseln am auffälligsten, aber keineswegs darauf beschränkt.

Den Begriff "Insel" darf man für die Entstehung von Arten oder Unterarten nicht zu wörtlich nehmen. Eine Insel in diesem Sinn kann auch durch ein Gebirge, eine Wüste, ein Fluss oder einfach durch eine Straße gebildet werden. Ist eine Gruppe einer Art lange genug isoliert von den Artgenossen, passt sich diese besonders an ihren isolierten Lebensraum an.

Aber es ist nicht nur die Anpassung an den Lebensraum, der neue Arten hervorbringt. Die unterschiedlichen Allele (Varianten eines Gens die durch Mutation entstanden sind, sie können zu Unterschieden in einer Art oder im

Endeffekt zu neuen Arten führen) sind in einer Tierpopulation nicht gleichmäßig verbreite-tet. Dieser Umstand spielt bei einer großen Population keine große Rolle, da durch Paarung die seltenen Allele weitergegeben werden. Bei kleinen Populationen ist die Wahrscheinlichkeit groß, dass die seltenen Allele sich leicht durchsetzen. Hierdurch entwickelt sich die isolierte Art immer weiter von der Stammform weg.

Und irgendwann entwickelt sich durch diese Reduzierung der Allele und durch Anpassung eine vollkommen neue Art. Am Anfang unterscheidet sie sich nur durch Aussehen und Verhalten von der Ursprungsart.

Irgendwann sind die Unterschiede so groß, dass selbst keine erfolgreiche Paarung mit der Ursprungsart mehr möglich ist.

Zumindest in der zweiten Generation sind diese "Zwitter" meist nicht mehr fortpflanzungsfähig.
Bei einer Art, deren Besiedlungsgebiet so groß ist wie bei vielen Europäischen Reptilien , bilden sich zwangsläufig irgendwann Unterarten und auch neue Arten. Inwieweit das für diese Arten jetzt schon zutrifft, ist strittig.

Freilandterrarien

Für eine Erhaltungszucht ist die Pflege in Freilandterrarien besonders zu empfehlen, da die Tiere hier am ehesten ihre natürlichen Verhaltens- und Lebensgewohnheiten beibehalten. Es hat sich bei mir herausgestellt, dass im Freien aufgestellte große Terrarien vorteilhafter und sicherer sind, als umfriedete Flächen. Dabei ist besonders darauf zu achten, dass die Tiere bei Hitze und Kälte Ausweichmöglichkeiten haben und im Terrarium ein gut gegliederter Lebensraum zur Verfügung steht. Es versteht sich von selbst, dass unter keinen Umständen ein Entweichen der Tiere möglich ist. Die Reptilienhaltung hat schon genug negative Schlagzeilen und bestimmte Kreise greifen solche Geschehnisse begierig auf. Reptilien fressen im Jahresdurchschnitt im Freiland deutlich weniger wie im Zimmer (s. a. Schiemenz 1987).

Jedoch empfiehlt es sich immer wieder, einzelne Jungtiere im Zimmerterrarium zu pflegen. Nur hier kann man die Tiere genau beobachten, und dieses Beobachten ist wichtig für das Verstehen der Tiere. Davon abgesehen lassen sich die Jungtiere nur im Zimmerterrarium kontrolliert füttern. Bei einem größeren Freilandterrarium dürfte das schwierig zu realisieren sein.

Haltungsbedingungen der Arten

Wenn auch die Lebensbedingungen der Europäischen Schlangen zu einem großen Teil ähnlich sind, ergeben sich durch die Anpassung an verschiedene Lebensräume einige wichtige Unterschiede. Diese sollen im weiteren Verlauf verdeutlicht werden, um bei Schutz und Haltung die wesentlichen Kriterien erfüllen zu können. Eine Eidechsennatter hat nun einmal wesentlich andere Ansprüche an den Lebensraum wie eine Kreuzotter. Eine Schlingnatter mag von der Körperform ähnlich sein wie eine Leopardnatter, der Lebensraum sieht jedoch ganz anders auf und das Temperaturbedürfnis beider Arten ist kaum zu vergleichen. Es Ist wichtig, die Lebensräume der einzelnen Arten genau zu kennen, um die Schlangen optimal pflegen zu können. Jedoch nicht nur alleine die Kenntnis der Lebensräum spielt eine Rolle. Auch die Lebensweise der einzelnen Arten müssen bekannt sein. Ist die Art Tagaktiv und lebt im Schatten, lebt sie bevorzugt in der Dämmerung, oder liebt sie gar die direkte Sonne. Wenn diese Kriterien nicht bekannt sind oder nicht beachtet werden, ist das Scheitern unausweichlich.

Die Äskulapnatter

Seit neuerer Zeit Zamenis longissimus, früher Elaphe longissima

Diese harmlose Schlange besiedelt das mittlere Europa und kommt in klimatisch begünstigten Lagen auch in Deutschland vor. Sie ist die größte Schlange in ihrem Verbreitungsgebiet und wirkt trotz ihres schlanken Körperbaus recht kräftig.

Die Körperoberseite ist braun bis schwarzbraun und die Unterseite ist mehr oder weniger gelb.

Die Rückenschuppen zeichnen sind durch weiße Ränder aus, wodurch eine leicht gestrichelte Körperzeichnung entsteht.

Sie macht der Bezeichnung Kletternatter alle Ehre und wird oft im Geäst von Bäumen oder Büschen angetroffen. Früher wurde behauptet, die Vorkommen in Deutschland gingen auf römisch Legionäre zurück, welche diese ihnen heilige Schlange mit nach Germanien gebracht hätten. Mittlerweile weiß man, das die deutschen Vorkommen genetisch nicht zu den Vorkommen in Italien passen.

Während der früh holozänen Erwärmung haben sich einige Tierarten aus dem Mittelmeerbereich über ganz Europa ausgebreitet. Bei der späteren Abkühlung sind viele dieser Arten wieder verschwunden oder auf klimatisch begünstigte Bereiche zurückgedrängt worden.

Daher auch die „Inselvorkommen" der Äskulapnatter, die sich aber schon erstaunlich lange halten.

Viele Ökologen vertreten die Ansicht, dass isoliert lebende Inselvorkommen auf Dauer nicht überlebensfähig sind. Das wird meiner Meinung nach von Arten wie der Äskulapnatter und der Sumpfschildkröte deutlich widerlegt. Immerhin haben diese seit Jahrtausenden die Genetische Verarmung überlebt und zeigen keine Anzeichen von Degeneration.

Wie diese Schlangen nach der großen Eiszeit ihre jetzigen Gebiete in Deutschland besiedelt haben und warum sie nicht flächendeckend vorkommen, ist rätselhaft. Immerhin waren Aussetzungen in der Vergangenheit, wie in der Nähe von Fulda, erfolgreich. Einige Vorkommen sind noch nicht bekannt, wie das Vorkommen bei Grünberg in Mittelhessen. Diese Schlangen leben sehr versteckt und entziehen sich leicht einem Nachweis.

Ihr Status als Schlange der Heilkunst wird

mittlerweile angezweifelt. Aus Funden in Griechenland lässt sich ableiten, dass die abgebildeten Schlangen Vierstreifennattern waren. Vielleicht war es jedoch der Medinawurm, der von den Ärzten mittels eines Stabes aus dem Körper der Patienten gezogen wurde. Der Schlange kann das alles ziemlich gleichgültig sein.

Am häufigsten ist sie im europäischen Mittelmeerraum, wo sie teilweise dichte Vorkommen bildet.

Sie lebt von Mäusen und Vögeln, welche nach dem Ergreifen mittels des kräftigen Körpers erdrosselt werden. In einem geräumigen Terrarium mit Klettermöglichkeiten ist sie leicht zu pflegen und legt jedes Jahr bis zu zwölf Eier. Die Jungtiere lassen sich gut mit nestjungen Mäusen aufziehen.

Auch die Äskulapnatter lässt sich leicht in einem Freilandterrarium pflegen. Wenn dieses Terrarium einen Teil des Tage direkte Sonne abbekommt, ist eine zusätzlichen Wärmequelle überflüssig. Dabei müssen die Schlangen jedoch immer die Möglichkeit haben, sich vor zu hohen Temperaturen zurückziehen zu können.

Da es ausreichend Nachwuchsschlangen gibt, sollte wie bei allen anderen Arten auf Wildfänge verzichtet werden.

Die Ringelnatter

Natrix natrix

Bis vor einigen Jahrzehnten war die Ringelnatter eine alltägliche Erscheinung in den meisten Gebieten Deutschlands. Die Schlage mit dem Krönchen war so alltäglich, dass sie auch in einigen Volksmärchen vorkommt. Leider hat sich das in der Zwischenzeit deutlich gewandelt. Durch den Verlust an natürlichen Gewässern ist sie gebietsweise sehr selten geworden.

Jedoch ist das Verschwinden oder selten werden von Amphibien die Hauptursache für ihren Rückgang.

Mittlerweile gibt es einige Populationen, die fast ausschließlich von Mäusen leben. Die Naturschutzorganisationen haben sich seit Jahrzehnten die Rückkehr des Storches auf die Fahnen geschrieben und unterstützen diesen Vogel mit allen Mitteln. Dabei hat keiner im Blick, dass die Vorkommen der Frösche dramatisch zurück gehen. Ohne ausreichend Frösche jagt der Storch alles was er kriegen kann, und dabei bleiben unsere ohnehin selten gewordenen Reptilien auf der Strecke. So kann Naturschutz ohne Überlegung schnell zum Totengräber für viele Arten werden.

Die Ringelnatter ist graublau oder graugrün gefärbt und fällt durch die zwei typischen Halbmondflecken auf. Sie kann bis zu zwei Meter lang werden, meistens liegt sie zwischen einem Meter bis eineinhalb Meter Länge. Große Weibchen können bis zu 50 Eier legen, aus denen nach gut vier Wochen die Jungen schlüpfen.

Wird sie ergriffen, sondert sie ein heftig stinkendes Sekret ab. Durch Abwehrbisse verteidigt sie sich äußerst selten.

Die Haltung im Terrarium ist einfach, bei einer Ernährung mit Fisch jedoch mit reichlich Kot verbunden. Vor einer voreiligen Haltung dieser Schlange möchte ich warnen. Wenn man nach ein paar Monaten die Nase, im wahrsten Sinne des Wortes, voll hat von der Haltung, ist weder der Schlange noch dem Halter gedient. Am ehesten geeignet ist ein geräumiges Freilandterrarium mit einem kleinen Teich. Hier macht es Freude, die Ringelnatter bei der Futtersuche oder beim Sonnen zu beobachten. Bei Rosenheim habe ich ein Gebiet entdeckt, im dem ein größerer Teil der Ringelnattern schwarz ist. Vermutlich ist es in diesem Gebiet zur Thermoregulation von Vorteil. Ein schwarzer Körper nimmt mehr Wärme auf und die Schlangen können auch klimatisch weniger begünstigte Flächen besiedeln.

Zu ihrem Schutz ist der Erhalt oder die Anlage von natürlichen Gewässer die wichtigste Voraussetzung.

Der fast bedingungslose Schutz des Graureihers und die starke Förderung der Störche machen jedoch die meisten Schutzbemühungen zu Nichte.

Die Schlingnatter

Coronella austriaca

Die Schlingnatter, *Coronella austriaca*, ist unsere kleinste Schlangenart. Sie ist wie alle Nattern völlig harmlos und wird nur selten über 70 cm lang. Die Zeichnung fehlt oft völlig und die Körperfarbe geht von braun bis rötlich. Von anderen Schlangen ist sie durch einen Fleck auf dem Kopf leicht zu unterscheiden. Oftmals wird sie von Laien mit der Kreuzotter verwechselt. Dabei sind die Unterschiede beträchtlich. Der Kopf der Kreuzotter ist deutlich abgesetzt, bei der Schlingnatter nicht. Die Kreuzotter hat meist eine deutlichen Zeichnung, die Schlingnatter ist fast uni. Die Schuppen der Kreuzotter sind stark gekielt, bei der Schlingnatter glatt. Daher auch der Name Glattnatter. Da sie bevorzugt von Eidechsen lebt, gehen ihre Bestände mit denen der Eidechsen seit Jahren zurück.

Ihr Lebensraum wird gerade durch den Siedlungsdruck der Menschen stark eingeengt.

Im Terrarium ist sie leicht zu pflegen, laut einigen Pflegern geht sie willig an Mäuse. Vor Jahrzehnten hatte ich über etliche Jahre eine Schlingnatter gepflegt, die ebenfalls leicht mit Mäusen zu ernähren war. Da sie nicht sehr lebhaft ist, verlangt sie kein besonders geräumiges Terrarium. Ein Spottstrahler zur Erwärmung ist jedoch Pflicht.

Zu ihrem Schutz ist die Erhaltung von trockenen und gut besonnten Flächen wichtig. Auf diesen Flächen dürfen keinesfalls Katzen herumstreunen, diese töten jede Schlingnatter wie auch alle anderen Reptilien.

Meine frühere Freilandanlage

Ich mit einer Teppennatter

Die Leopardnatter

Elaphe situla

Die Leopardnatter war über viele Jahre
eine sehr gesuchte Schlange bei den
Terrarianer. Leider ist das den Bestän-
den nicht gut bekommen. Viele Bauern in
den Heimatländern der Leopardnatter
hatten schnell gemerkt, dass Schlangen-
begeisterte Touristen einiges für diese
Tiere zahlten. Daraufhin haben sie gefangen was sie kriegen konnten und unter
meist sehr schlechten Bedingungen
gehältert. Bis dann jemand die
Leopardnattern gekauft hat, waren diese
meist schon in einer sehr schlechten
Verfassung. Dazu kam, dass sie
anschließend viel zu warm gehalten
wurden. Der neue Pfleger ging von den
Temperaturen im Herkunftsland aus, und
hat nicht bedacht, das die Tiere meist
früh Morgens oder in der Dämmerung auf
Nahrungssuche gehen.

Sie ist eine kleine und zierliche
Schlange die jedoch durch Ihre Zeichnung
sehr schön ist. Vom Kopf an zieren sie

rote Flecken, die schwarz umrandet sind.
Dazu kommen noch runde, rote Augen. Es
gibt gar nicht so selten eine Morphe,
bei der die Flecken zu einer Linie verbunden sind.

Sie besiedelt ein riesiges Gebiet ent-
lang des Mittelmeeres, beginnend bei
Sizilien über Kroatien bis nach Kreta.

Die Lebensräume sind ähnlich wie bei der
Eidechsennatter, nur noch stärker
strukturiert. Aufgrund ihrer versteckten
Lebensweise ist sie sehr schwer zu
finden, am ehesten im Frühjahr, wenn es
noch nicht zu warm ist. Selber hatte ich
noch überhaupt kein Glück, diese
Schlange im Lebensraum zu finden. Zu
mindest nicht lebend, überfahrene haben
wir gefunden.

Zum Glück wird sie die letzten Jahre
regelmäßig gezüchtet und es braucht
niemand mehr Wildfänge zu erwerben.
Diese Nachzuchttiere sind problemlos zu
pflegen, wenn man sich an einige Regeln
hält. Am besten ist ein nicht zu geräumiges Trockenterrarium mit genügend
Versteckplätzen. Ein Strahler erwärmt
nur eine Stelle auf etwa 30 Grad. Es
müssen aber ausreichend kühlere Stellen
vorhanden sein. Nachts sollte die
Temperatur auf unter 25 Grad fallen.

Als Nahrung dienen kleinere Mäuse, große werden meist verschmäht. Eine Überwinterung bei etwa 10 Grad ist wichtig für die Gesundheit der Schlangen und die Voraussetzung für die Zucht.

Nach der Überwinterung wird das Weibchen vom Männchen durch einen Biss festgehalten und es kommt zur Paarung. Nach knapp drei Monaten werden die bis zu sechs Eier abgelegt, die wie bei den meisten Arten bei etwa dreißig Grad gezeitigt werden.

Die geschlüpften Jungen sind mit einer Länge von etwa 35 cm schon recht groß und nehmen manchmal schon im ersten Jahr Babymäuse an. Sollten sie nicht gleich ans Futter gehen, klappt es meist nach der Überwinterung.

Als Schutzmaßnahme gilt es, den Lebensraum der Leopardnattern zu er-halten. Lesesteinhaufen dürfen nicht beseitigt werden und angrenzendes Gestrüpp muss erhalten bleiben.

Die Eidechsennatter

(*Malpolon monspessulanus*)

Im Jahr 1974 hatten wir im Süden Frankreichs die ersten Begegnungen mit dieser eindrucksvollen Schlange. Auf einem kleinen Berg aus Vulkangestein lebten in den Lesesteinwällen eine beträchtliche Anzahl dieser Nattern. Bei einer Körperlänge von bis über zwei Metern sind es recht ansehnliche Schlangen. Die Giftzähne sitzen bei dieser Trugnatter weit hinten im Rachen und werden dem Menschen kaum gefährlich. Aus meinem jugendlichen Jagdeifer heraus, habe ich damals einige der Eidechsennattern gefangen und wurde daraufhin einige Male gebissen. Bei keinem der Bisse kam es zu irgendwelchen Folgen. Im wesentlichen dient das Gift dazu, Beutetiere bei dem Verschlucken zu lähmen. Damals hatte ich ein paar Eidechsennattern im Terrarium gepflegt. Sie erwiesen sich als angenehme Pfleglinge, die sich schnell eingewöhnten. Die Fütterung mit Mäusen war einfach, es wurden auch Hühnerküken angenommen. Nach einem Jahr haben sich die beiden gepaart und später wurden fünfzehn Eier abgelegt. In der

Natur machen sie bevorzugt Jagd auf Eidechsen und Schlangen, aber auch auf Mäuse, Ratten, Kaninchen und Vögel.

Der Körper ist schlank aber sehr kräftig. Die Farbe ist meist olivgrün bis dunkel. Besonders die Hornschilde über den Augen geben der Schlange ein eindrucksvolles Gesicht.

Auffallend ist der oft erhobene Vorderkörper der Eidechsennatter, sie jagt in erster Linie optisch. Im Terrarium nimmt sie dessen ungeachtet auch tote Mäuse. Abweichend vom nervösen Naturell im Lebensraum, wurden meine Tiere schnell handzahm und ließen sich ohne Gegenwehr in die Hand nehmen.

Die Nominatform lebt im südlichen Mittelmeergebiet. Hier kommt sie stellenweise recht häufig vor. Durch ihre weit umherschweifende Jagdweise wird sie leider sehr häufig ein Opfer des Straßenverkehrs. Nach meinen Beobachtungen ist sie in erster Linie Tagaktiv, was schon an ihrem oft hoch erhobenen Kopf ersichtlich wird. Sehr interessant ist das Paarungsverhalten. Das Männchen bringt seiner Auserwählten Brautgeschenke in Form von Beutetieren.

Nach drei bis fünf Jahren werden die Eidechsennattern geschlechtsreif und die

Männchen machen sich auf die Suche nach einem Weibchen. Dabei legen sie oft beträchtliche Entfernungen zurück.

Leider ist sie durch die Touristische Erschließung ihres Lebensraumes in vielen Gebieten mittlerweile recht selten oder stellenweise auch ganz verschwunden. In dem Gebiet im Süden Frankreichs, wo ich sie zuerst sah, gibt es leider gar keine mehr. Ich fand nur noch eine Menge Schrotpatronen und Spuren von Motocross Reifen.

Etwas besser geht es der östlichen Unterart Malpolon monspessulanus insignitus in den Balkanstaaten. Auf der Insel Cres konnten meine Frau Elke und ich noch eine ganze Anzahl beobachten. Leider wird sie auch da sehr häufig ein Opfer des Autoverkehrs. Immer wieder sahen wir überfahrene Eidechsennattern liegen. Eine verletzte hatten wir mitgenommen und gesundgepflegt. Nach einem halben Jahr haben wir die gesunde Schlange wieder in ihre Heimat gebracht. Das ist zwar nicht Gesetzeskonform, die Liebe zu diesen Tieren war uns jedoch wichtiger wie manches unsinnige Gesetz. Wenn die Haltung von einigen Tieren im Terrarium untersagt wird, das Überfahren von Tausenden jedoch einfach hingenommen wird, werden Gesetze lächerlich.

Zumal es gerade in den Ländern des Balkan üblich ist, über Schlangen auf der Fahrbahn gezielt zu Fahren. Das soll jetzt kein Freibrief sein, sich einfach ein paar Schlangen zu fangen. Aber in Fällen wie dem Obigen sollte es doch legale Möglichkeiten geben.

Zum Schutz dieser Schlangenart können wir leider nichts tun. Die Einstellung in ihren Heimatländern gegenüber Reptilien müsste sich ändern.

Die Vierstreifennatter

(Elaphe quatuorlineata)

Mit der Vierstreifennatter beschreibe ich die europäische Riesenschlange. Sie wird über zwei Meter lang und hat einen sehr kräftigen Körperbau. Obwohl in manchen Schriften als Länge bis zu 270 cm angegeben werden, liegt die durchschnittliche Länge bei 130 bis 160 cm. Wobei nach meinen Beobachtungen die weiblichen Schlangen deutlich länger als die

Männchen werden. Es kann aber nicht ausge-
schlossen werden, dass einige Individuen
deutlich länger werden können. Ausreichend
Futter und ein entsprechendes Alter voraus
gesetzt. Die maximalen Längenangaben in manchen Schriften entspringen vielleicht auch
einer Fehleinschätzung im Gelände. Eine
flüchtende Schlange wird häufig deutlich
größer geschätzt, woher kommen sonst die
abenteuerlichen Längenangaben bei den Riesenschlangen.

Wie dem auch sei: Für europäische Verhält-
nisse ist die Vierstreifennatter schon ein
beeindruckendes Reptil. Die oben beschriebene
Eidechsennatter (Malpolon monspessulanus)
wird zwar oftmals länger. Sie ist aber wesentlich schlanker und leichter gebaut wie
ihre oft armdicke Verwandte.

Der Kopf ist deutlich abgesetzt und kräftig,
die Augen haben runde Pupillen. Wie bei vielen Nattern verläuft von den Augen bis zu den
Mundwinkeln ein dunkler Streifen.

Über den Rücken verlaufen die vier Namenge-
benden Längsstreifen, durch welche sich die
beschriebenen Standortformen unterscheiden.
Bei den Tieren aus Italien sind die Streifen
und auch die Körperfärbung allgemein etwas
heller wie bei den kroatischen Schlangen.

Die Vierstreifennattern der Kykladeninseln

haben schärfer abgetrennte Streifen, ob das einen Unterartstatus rechtfertigt, wage ich zu bezweifeln.

Im Gegensatz zu den ausgewachsenen Schlangen haben die Jungtiere ein kontrastreiches Fleckenmuster auf dem Rücken. Auch die Bauchseite ist bei jungen Schlangen stärker gefleckt. Im zweiten Lebensjahr werden die anfangs schwarzen Flecken immer heller und sind dann eher rötlich braun. Im Laufe von drei bis vier Jahren verschmelzen die jugendlichen Flecken dann zu der typischen Streifenzeichnung.

Der Anblick einer Schlange im Freiland ist für den Liebhaber dieser Reptilien ein immer wieder fesselndes Erlebnis. Bei der beeinruckenden Vierstreifennatter ganz besonders. Jede andere Schlange entschwindet bei Entdeckung sofort im nächsten Unterschlupf. Diese jedoch bleibt oft liegen als ginge sie die ganze Angelegenheit nichts an.

Hebt man sie dann vom Boden auf, kommt die nächste Überraschung. Statt sich wie gewohnt hektisch in der Hand zu winden und zu beißen, wie es sich für eine gepackte Schlange gehört, bleibt diese meist ganz ruhig in der Hand liegen. Die Gründe für dieses ungewöhnliche Verhalten herauszufinden dürfte schwer sein. Vielleicht ist es einfach ihre Größe, welche die Anzahl ihrer natürlichen Feinde stark einschränkt. Immerhin sind junge Vierstreifennattern im Gegensatz zu ihren Eltern sehr scheu und versteckt lebend.

Bei einer Wanderung auf der kroatischen Insel KRK sahen wir nach langen Suchen eine Vierstreifennatter liegen und habe sie aufgehoben.
Nach ein paar Fotos haben wir die Schlange dann näher untersucht. Es handelte sich um ein jüngeres Weibchen von etwa 120 cm Länge. Noch schnell ein paar Bilder mit der Schlange und Elke und zurück in die Freiheit mit ihr. Einen Tag später fanden wir an einem Stausee eine größere Anzahl Vierstreifennattern. Leider hat in der Zwischenzeit jemand an diesem See ausgiebig Schlangen gesucht und auch mitgenommen. Die Individuenzahlen sind jetzt stark zurückgegangen.

Es war Paarungszeit und die Männchen waren permanent auf der Suche nach paarungsbereiten Weibchen. Anders wie bei allen Vipern ist bei den hier beobachteten Nattern das Verhältnis zwischen Männchen und Weibchen in etwa ausgeglichen. Das ist ziemlich ungewöhnlich, sind doch die suchenden Männchen größeren Gefahren ausgesetzt. Vielleicht ist auch hier die Körpergröße der Grund. Und der moderne Autoverkehr, als große Gefahr, dürfte sich in der Entwicklungsgeschichte dieser Art noch nicht ausgewirkt haben.

Im Verlauf von zwei Wochen suchten wir neben anderen Stellen diesen Platz immer wieder auf. Dabei konnten wir auch Paarungen beobachten und eine Menge Bilder machen.

Vor vielen Jahren hielt ich ein Paar Vierstreifennattern im Zimmerterrarium. Die Haltung der Schlangen war vollkommen problemlos und bald konnte ich die erste Paarung beobachten. Gezüchteten habe ich mit diesem Paar regelmäßig nach, bis wir es anlässlich eines Umzugs abgeben mussten.

Jahre später habe ich von einem Züchter wieder ein Pärchen junge Vierstreifennattern bekommen. Dabei habe ich auch gleich ein Paar der damaligen Unterart Elaphe quatuorlineata sauromates erhalten. Diese Tiere sind auch im Alter noch gefleckt und wurden zwischenzeitlich einer eigenen Art zugeordnet (Elaphe sauromates).

Beide Arten habe ich dann einige Jahre gepflegt und nach Erreichen der Geschlechtsreife beide Arten nach gezüchtet.

Die verehrte Schlange

Cocullo

Das Mekka für den an Streifennattern

Interessierten ist das Dorf Cocullo in den italienischen Abruzzen. Hier wird jedes Jahr im Mai ein Fest zu Ehren des Heiligen Domenikus gefeiert. Angeblich geht das Fest auf ein etruskisches Volk (die Marsen) zurück, welche vor Jahrtausenden eine Fruchtbarkeitsgöttin verehrten. Wie bei fast allen überlieferten Mythen vermischte sich der Mythos mit christlichen Festen. In diesem Fall mit dem Fest zu Ehren des Heiligen Domenikus.

In diesen Prozessionen wird eine mit vorher gefangenen Schlangen behängte Statue des Heiligen durch die mit Menschen gesäumten Straßen getragen.

Dazu bietet sich die Vierstreifennatter aufgrund ihrer ruhigen Art besonders an. Eine Äskulapnatter würde viel schneller versuchen zu verschwinden. Immerhin ziehen die Menschenmassen mit den Schlangen und der Statue des Heiligen mehrere Stunden durch die Gassen des Dorfes.

Danach ist die Stunde der Schlangenfänger gekommen. Die vorher in den Hügeln um das Dorf gefangenen Schlangen werden herumgereicht und gegen ein Entgelt können sich Touristen mit den Schlangen fotografieren lassen. Abends gibt es noch eine Siegerehrung, wobei die erfolgreichsten Schlangen-Fänger mit Pokalen bedacht werden. Angeblich werden am nächsten Tag alle Schlangen wieder freigelassen. Jedoch könnte ich mir vorstellen, dass einige als Souvenir bei (terraristisch) interessierten Besuchern landen.

Ein solches Fest wie in Cocullo scheint weltweit einmalig zu sein, sieht man von den Klapperschlangen Roundups im Amerika ab. Dort werden rund 100.000 Klapperschlangen gefangen, zur Volksbelustigung getötet und teilweise gegessen. Wie in so vielem ist auch hier Amerika nicht zu übertreffen, dass dabei die Populationen der Klapperschlangen stellenweise gefährlich schrumpfen, bemerken nur einige Naturschützer. Mittlerweile vermehren sich in den nach Klapperschlangen durchkämmten Gebieten die Ratten besser als die Klapperschlangen. Trotzdem wird immer noch behauptet, diese Roundups wären notwendig, um einer zu starken Vermehrung der Klapperschlangen Herr zu werden. Die Dummheit ist stärker als die Vernunft. Erst mit dem Verschwinden der Schlangen aus vielen Gebieten wird vielleicht ein Umdenken einsetzten.

Zurück zu unserer Vierstreifennatter.

Das Verbreitungsgebiet der Vierstreifennatter ist wahrhaft riesig. Sie bewohnt Europa von Süd-Frankreich (?), Italien (Toskana, Umbrien bis Sizilien), Slowenien, Kroatien mit den meisten Inseln, Albanien, große Teile Griechenlands (auch hier werden viele Inseln besiedelt), und Mazedonien. In Nordost-Griechenland, Bulgarien, Rumänien und der Türkei wird die Art von Elaphe quatuorlineata sauromates abgelöst, welche nun als neue Art gilt (Elaphe sauromates).

Unterarten:

Zurzeit werden an Unterarten aufgeführt:

- *Elaphe quatuorlineata. muenteri* (Bedriaga, 1881) - Griechenland (Kykladen)

- *Elaphe quatuorlineata. parensis* Cattaneo, 1999 - Griechenland (Paros)

- *Elaphe quatuorlineata quatuorlineata* (Lacepede, 1789)

- *Elaphe quatuorlineata scyrensis* Cattaneo, 1999 - Griechenland   (Skyros)

Inwieweit es sich tatsächlich um Unterarten handelt, ist in Zukunft zu klären. Der Weg von einer durch Verinselung entstandenen Standortform zur eigenständigen Unterart ist fließend und schwierig abschließend zu beurteilen. Die Veränderungen bei der als Elaphe quatuorlineata muenteri beschriebenen Unterart können genau so gut durch die Lebensbedingungen auf Inseln entstanden sein. Immerhin ist hier das Nahrungsangebot oft dürftiger wie auf dem Festland. Eine schlankere Gestalt kann einfach dem Hunger geschuldet sein.

Irgendwann entsteht durch die Verinselung dann tatsächlich eine neue Unterart oder Art. Ob das bei den beschriebenen Unterarten schon der Fall ist, bleibt abzuklären. Ich vermute, dass die Entstehung von Unterarten oder auch neuen Arten bei dieser Schlangenart noch ganz am Anfang steht und erst nach einigen Jahrtausenden abgeschlossen sein wird. Ob die betreffenden Arten dann noch existieren, ist zumindest bei vielen fraglich.

Lebensräume:

Obwohl die Vierstreifennatter ein riesiges Gebiet bewohnt, sind die Strukturen ihres Lebensraumes immer sehr ähnlich. Gut besonnte Stellen in unmittelbarer Nähe von Gestrüpp, und möglichst direkt bei Steinhaufen scheinen

die Grundvoraussetzung für Ihren Aufent-
haltsort zu sein. Ist dann noch ein Gewässer
in der Nähe, ist es ideal.

Am häufigsten fand ich sie am Rand lichter
Wälder an von der Sonne beschienenen Steinhaufen. Hier fühlen sich die Schlangen so
sicher, dass sie oft gar nicht versuchen, zu
flüchten. Ist der Störenfried außer Sicht,
verschwinden sie dann doch klammheimlich.
Nach einigen Minuten kehren sie meist wieder
an ihren Sonnenplatz zurück. Stark beschie-
nene Karsthänge werden sehr gerne besiedelt,
allerdings muss auch hier eine ausreichende
Vegetation vorhanden sein. Reine Stein-
Lebensräume werden offensichtlich ungern besiedelt. Jedenfalls konnte ich sie an
Geröllhängen mit spärlicher Vegetation nie
finden.
Die frühere Unterart Elaphe quatuorlineata
sauromates, jetzt Elaphe sauromates, wird
sehr häufig auf Schilfhaufen direkt bei Gewässern gefunden.

Nach der Winterruhe, die von Mitte Oktober
bis Mitte April dauert, suchen die Schlangen
wieder einen Sonnenplatz auf. Nach meinen
Beobachtungen erscheinen die Männchen früher
als die Weibchen. Das ist auch von anderen
Reptilienarten bekannt. Die Männchen sind bei
der Paarung die Aktiven und brauchen an-
scheinend eine gewisse Anlaufzeit, um

hormonell auf der Höhe zu sein. Außerdem gilt es für die Männchen möglichst vor der Konkurrenz auf der Bühne zu erscheinen, der frühe Vogel frisst den Wurm.

Während die Weibchen nach einer kurzen Sonnenphase schnell mit der Nahrungsaufnahme beginnen, fressen die Männchen normalerweise erst nach der Paarungszeit.

Die Weibchen behalten ihren gewohnten Lebensraum bei, während die Männchen zur Paarungszeit permanent auf der Suche nach Weibchen unterwegs sind. Die Paarung selber entspricht dem ruhigen Verhalten dieser großen Schlange und geschieht ebenfalls ohne große Hektik. Nach heftigem Bezüngeln wird die Partnerin umschlungen und durch einen Biss in den Nacken ruhig gestellt.

Während der Paarung konnte ich oft ein unruhiges Zucken des Männchens beobachten. Nach meist zehn bis zu dreißig Minuten lockert das Männchen den Nackenbiss und das Paar trennt sich in aller Ruhe. Oft habe ich das Paar die nächsten Tage noch zusammen liegend gesehen, ob es zu weiteren Paarungen kam, konnte ich nicht beobachten. Vielleicht will er damit Paarungen mit anderen Männchen verhindern.

Nach einigen Tagen machte er sich dann auf den Weg, um nach einer neuen Partnerin zu suchen.

Mitte des Sommers werden vom Weibchen bis zu achtzehn Eier abgelegt, aus denen nach etwa zwei Monaten die Jungschlangen schlüpfen. Sehr häufig wird von den Jungen im Jahr nach dem Schlupf noch keine Nahrung aufgenommen. Erst im nächsten Frühjahr gehen die kleinen auf die Futtersuche. Als Nahrung kommen am Anfang Heuschrecken und Grillen, nestjunge Mäuse und Eidechsen infrage. Später werden alle Arten von Säugetieren wie Mäuse, Ratten, Siebenschläfer und Kaninchen erbeutet. Aber auch Vögel und deren Eier werden regelmäßig verspeist.

Ein Bauer auf Krk berichtete mir über eine weitere Nahrungsquelle der Vierstreifennatter. Über Wochen wurde die Ausbeute an Eiern aus dem Hühnerstall immer weniger und die Familie grübelte über die Ursache.

Eines Tages kam der Bauer wieder in den Hühnerstall, um die gelegten Eier zu bergen. Und da sah er die Ursache des Eierschwundes. Eine große Vierstreifennatter hatte drei Hühnereier gefressen und konnte durch den nun vergrößerten Umfang nicht mehr durch ihr übliches Einschlupfloch entkommen. Mit einem Messer hat der Bauer dann den Eierdiebstahl geahndet.
Bei der Terrarienhaltung kann ich Eier als Nahrung nicht empfehlen, da mit einer erheblichen Geruchsbelästigung zu rechnen ist. Selbst bei dem Verfüttern mit Hühnerküken ist

der Kot der Schlangen ziemlich übel riechend.

Wie bei allen Reptilien gehen auch bei der Vierstreifennatter die Bestände in ganz Europa zurück. Durch ihr riesiges Verbreitungsgebiet bedingt, ist sie zwar noch nicht gefährdet, aber in vielen früher dicht besiedelten Gebieten ist sie selten geworden oder ganz verschwunden. So konnte ich sie auf Istrien nur noch selten beobachten, vermutlich verschwindet sie hier in absehbarer Zeit. Auch im gesamten Bereich der Küstenstraße Kroatiens ist sie deutlich zurückgegangen.
Die Hauptursache dafür ist wie immer die Beeinträchtigung des Lebensraumes.

Gerade Istrien hat sich die letzten Jahrzehnte sehr stark verändert. Durch steigenden Tourismus ist die menschliche Besiedlung stark gestiegen und viele natürliche Gebiete sind zerstört. Teiche wurden trockengelegt, Hecken gerodet und viele Hänge bebaut.

Dazu kommen enorme Verluste durch den immer stärkeren Straßenverkehr. Gerade sich gemächlich bewegende Arten wie Schildkröten und Vierstreifennattern fallen leicht dem Verkehr zum Opfer. Aber auch so mancher Mensch fühlt sich als Held, wenn er eine Schlange erschlagen hat. Im Zweifelsfall ist dann jede

Schlange giftig und die Menschheit muss davor gerettet werden.

In wieweit der illegale Fang durch Terrarianer bei dem Rückgang eine Rolle spielt, lässt sich nicht beurteilen. Immerhin braucht jeder für die Haltung europäischer Reptilien gültige Papiere. Außerdem ist die Vierstreifen-Natter relativ leicht zu züchten, das Fangen zur Haltung im Terrarium sollte der Vergangenheit angehören. Das Wegfangen durch einige Unverbesserliche dürfte der Art aber keinen Abbruch tun ist aber auf jeden Fall illegal. Wer Tiere in seiner Obhut pflegen will, sollte auch das Verantwortungsbewusstsein für die Population im Lebensraum haben. Das Wegfangen von Tieren in der Natur ist bestimmt nicht verantwortungsvoll. Abgesehen davon, dass es strafbar ist, kann keiner mit Bestimmtheit sagen ob eine Population stark genug ist um den Schwund zu verkraften.

Leider haben sich die Wildschweine in vielen Teilen ihres Lebensraumes stark vermehrt. Wie schon bei den Kreuzottern musste ich auch bei der Vierstreifennatter große Verluste an der Population durch das Ausgraben der Schlangen während der Winterruhe beobachten. Dabei erwischt es besonders die gut besetzten Areale, hier suchen die Wildschweine gezielt nach den ruhenden Schlangen.

Im Bayrischen Wald habe ich mehrmals Stellen

gefunden, wo ganze, gemeinsam überwinternde Kreuzottergruppen den Wildschweinen zum Opfer fielen.

Ob die Vierstreifennatter ein geeigneter Terrarienbewohner ist, lässt sich nicht so einfach beantworten. Sie gewöhnt sich leicht ein und scheint durch ihre bedächtige Art gut haltbar.
Durch jahrzehntelange Erfahrung mit der Haltung der unterschiedlichsten Schlangen traue ich mir schon zu, beurteilen zu können, ob sich ein Tier wohlfühlt. Bei der Vierstreifennatter kann ich das unter Terrarienbedingungen vollkommen bestätigen. Die Schlangen versuchen nicht ständig einen Ausweg aus dem Terrarium zu finden und gewöhnen sich schnell an den Ersatzlebensraum. Futter wird immer begierig angenommen und auch die Nachzucht bereitet keine Schwierigkeiten.

Das Problem ist die zu erwartende Größe der Schlange und die großen Futtermengen. Dabei will ich keinem unterstellen, die Fütterung seiner Pfleglinge werde ihm zu kostspielig. Aber was hinein kommt, kommt naturgemäß auch wieder hinaus. Auf die Dauer kann dadurch die Arbeit mit der Pflege dieser Art lästig werden.
Nur wer sich dessen bewusst ist, sollte sich mit der Pflege dieser Schlangen befassen. Es ist weder den Schlangen noch dem Pfleger gedient, wenn sie nach ein oder zwei Jahren

abgegeben werden, weil die Pflege zu ar-
beitsintensiv wird.

Wenn diese Art aufgrund ihres ruhigen Wesens
auch keine großen Platzansprüche stellt, ist
die Haltung in einem entsprechen großen Terrarium angezeigt. Als Mindestgröße für ein
Paar würde ich 140 x 60 x 60 Zentimeter an-
geben. Mehr wäre auf jeden Fall wünschens-
wert, nicht dass sich die Schlangen in einem
kleineren Terrarium nicht wohlfühlen würden.
Aber das Beobachten und die Gestaltungsmög-
lichkeiten bei der Einrichtung sind einfach
besser. Ebenfalls müssen die Richtlinien be-
treffend den Mindestmaßen beachtet werden.
Wenn diese auch nicht optimal sind, da sie
das Verhalten der unterschiedlichen Arten
außer Acht lassen, dürfen wir sie nicht einfach ignorieren.

Viele, der Terraristik kritisch gegenüber-
stehenden „Tierschützer", wettern gegen angeblich zu kleine Terrarien und bezeichnen
die Haltung von Schlangen darin als Tierquä-
lerei. Diese Leute haben offensichtlich keine
Ahnung, was Pflege und Wohlbefinden von
Schlangen betrifft. Viele Schlangenarten
lassen sich nur in nicht zu großen Terrarien
erfolgreich halten und auch züchten. Gerade
Lampropelten (Amerikanische Königsnattern),
Königspython und andere stark versteckt
lebenden Arten wollen sich geborgen fühlen.

Schlangen sind keine Tiere, die nur so zum Vergnügen spazieren gehen. Wenn sie nicht auf Nahrungssuche sind, liegen sie in einem Versteck. Dieses muss nur die notwendigen Parameter in Bezug auf Wärme und Feuchtigkeit aufweisen, dann wird es nicht ohne Not verlassen. Das erkennt man deutlich am riesigen Netzpython, der wenn er satt ist, wochenlang in einem hohlen Baum oder ähnlichen Versteck liegt. Schlangen in ihren Ansprüchen mit lebhaften Eidechsen vergleichen ist zu einfach. In einem nicht zu großen Terrarium fühlen sich die meisten Schlangen einfach geborgener.

Gerade amerikanische Schlangenhalter züchten in sehr kleinen Terrarien Schlangenarten, bei denen die Nachzucht jahrelang kaum klappte.

Allerdings lässt sich das nicht auf jede Art übertragen. Einige wenige Arten sind ausgesprochene Sichtjäger und durchstreifen unablässig ein großes Gebiet auf der Suche nach Beute. Zum Beispiel die Eidechsennatter, die schwarze Mamba oder der Teipan.

Das sind aber Ausnahmen, die man besser nicht im Terrarium hält. Damit will ich keineswegs die Haltung in kleineren Behältern favorisieren, aber Größe ist relativ und muss sich an den Lebensbedingungen und Ansprüchen der

Tiere orientieren. Eine Zornnatter hat ein spezielles Bewegungsverhalten, eine Vierstreifennatter oder auch eine Viper ein anderes. Die mögliche Länge einer Art als einziges Kriterium für die Größe des Terrariums zu nehmen ist nicht artgerecht.

Das Terrarium muss sich sowohl an der Größe, aber wichtiger noch an den Lebensbedingungen der Tiere orientieren. Die Rack - Haltung ist eine andere Geschichte, auf die ich hier nicht eingehen will. Selber habe ich keine Erfahrung damit und will sie auch nicht haben. Liegt die Freude an der Pflege von Schlangen doch im Beobachten im nachempfundenen Landschaftstyp. Das ist in einem zu kleinen Terrarium oder gar Rack kaum möglich.
Unter Rack - Haltung ist die Pflege in einem Schubladensystem zu verstehen, wo die Schlangen kaum Bewegungsmöglichkeiten haben. Zur Massenzucht stark gefährdeter Arten ist diese Methode vielleicht zu akzeptieren. Hier liegt der Fokus in einer möglichst hohen Reproduktionsrate, um genügend Nachtzuchten zur Bestandserhaltung zu gewinnen. Das hat aber mit Terrarienpflege wenig zu tun.

Ganz vorzüglich geeignet ist ein beheizbares Freilandterrarium. Hier lassen sich die Vierstreifennattern unter natürlichen Bedingungen beobachten und man kann räumlich we-

sentlich schöner gestalten. In meiner Frei-
anlage hatte ich drei Seiten mit großen
Findlingen aufgebaut, und den Schlangen
dadurch einen Lebensraum, wie in der Natur
gestaltet. Zwischen den Steinen waren robuste
Pflanzen angesiedelt und gaben zusätzlich
Deckung für die Vierstreifennattern. Ich
hatte die Möglichkeit, diese Anlage direkt
vor einem Fenster aufzubauen, dadurch hatte
ich immer die Gelegenheit, die Schlangen un-
gestört zu beobachten.

Da die Vierstreifennatter recht wärmeliebend
ist, muss eine Wärmequelle vorhanden sein.
Die natürliche Sonneneinstrahlung ist im
größten Teil Deutschlands zu gering.
Auf der anderen Seite ist eine Südlage mit
voller Sonnenbestrahlung zu unberechenbar,
wenn die Schlangen sich bei großer Hitze
nicht in für sie angenehmere Bereiche zurückziehen können. Bei mir hat sich eine Lage
mit Vormittagssonne am besten bewährt. Morgens wird es keinesfalls zu heiß, und
fehlende Wärme kann ich mit einem Strahler am
sichersten ausgleichen.

Zur Zeit der Eiablage muss ein Schlupfkasten
mit einem mäßig feuchten Substrat zur Verfügung stehen. Die Eier in dem Freilandterrarium frei ablegen zu lassen, wäre nicht so
günstig. Selbst wenn die Jungen durch
günstige Bedingungen schlüpfen sollten, das
Einfangen wäre kein Vergnügen.

Im Zimmerterrarium ist eine so großzügige Einrichtung kaum möglich. Die Schlangen sind aber offensichtlich anpassungsfähig. Wichtig ist ein ausreichend großes Versteck, ein großes Wasserbecken, das die Schlangen vor der Häutung gerne aufsuchen und eine sichere Wärmequelle. Oft wird als Bodengrund Sand empfohlen. Ich habe niemals in der Natur Vierstreifennattern auf Sandboden gefunden. Es empfiehlt sich eine Erde - Sand Mischung oder lockerer Waldboden.

Ein stabiler Kletterast vervollständigt die Einrichtung und wird von den Tieren gerne genutzt.

Vierstreifennattern gehen leicht an aufgetautes Frostfutter. Eine ausreichende Fütterung mit lebenden Futtertieren ist sehr aufwendig. Die erwachsenen Schlangen fressen zum Beispiel jede Woche eine erwachsene Ratte. Die Heranwachsenden werden entsprechend oft mit Mäusen oder jungen Ratten gefüttert.

Normalerweise gebe ich den Schlangen alle ein- bis zwei Wochen eine aufgetaute Ratte. Am Verhalten der Schlangen erkennt man sehr schnell, ob sie Hunger haben. Sie sind dann deutlich unruhiger und durchstreifen das Terrarium ständig auf der Suche nach Futter. Gelegentliche Futterpausen von zwei bis drei Wochen halte ich für unabdingbar, um eine Überfettung der Schlangen zu vermeiden. Die

Tiere finden auch in der Natur nicht ständig Nahrung. Immerhin konnte ich im Lebensraum der Art eine recht hohe Individuendichte feststellen. Oftmals war der Abstand zwischen den Fundstellen von zwei erwachsenen Weibchen gerade einmal dreihundert Meter. Im Terrarium besorgt der Pfleger die Futtertiere und kann dabei leicht des Guten zufiel tun. Dass sich zu fette Schlangen schlechter fortpflanzen, dürfte sich schon herumgesprochen haben. Mit ziemlicher Sicherheit sind sie auch in der Lebenserwartung beeinträchtigt.

Die Vierstreifennattern zeigen dem Pfleger deutlich, wann die Zeit für eine Winterruhe gekommen ist. Sie stellen selbstständig die Nahrungsaufnahme ein und ruhen nur noch in ihrem Versteck. Am einfachsten wäre es, die Tiere in ihrem Terrarium zu lassen und die Temperatur herunterzufahren.

Idealerweise überwintert man die Vierstreifennattern bei etwa zehn Grad. Bei höheren Temperaturen ist der Stoffwechsel dieser wechselwarmen Tiere noch zu hoch und sie verbrauchen zu viel Energie. Niedrigere Temperaturen können hingegen zu Erkältungen oder sogar zu einer Lungenentzündung führen. Wie bei den meisten europäischen Arten verlassen die männlichen Vierstreifennattern das Winterquartier als erste und setzen sich der Sonnenbestrahlung aus. In dieser Zeit reifen die Spermatozoen aus und die erste

Häutung des Jahres kündigt die Paarungsbereitschaft an. Auf der Suche nach Geschlechtspartnern treffen sie dann regelmäßig auf andere, ebenfalls suchende Männchen. Dabei kommt es zu harmlosen Kommentkämpfen. Mit kurzen Ring-kämpfen wird der Stärkere ermittelt und der Schwächere muss das Feld räumen. Sehr schnell versucht dann der Sieger sich mit der Schönen zu paaren, bevor wieder ein Konkurrent auf-taucht, um das Idyll zu stören,

Wenn die Paarung erfolgreich war, wird das Weibchen nach knapp zwei Monaten unruhig und durchstreift das Terrarium auf der Suche nach einer passenden Eiablagemöglichkeit. Spätes-tens jetzt muss ein Behälter mit angefeuch-teter Erde oder Sand zur Verfügung gestellt werden. Meist am Morgen wird der Ablagebehälter von der Schlange aufgesucht und im Verlauf von ein bis zwei Stunden werden bis zu achtzehn Eier abgelegt.

Die Eier messen etwa 60 mm in der Länge und sind etwa 30 mm dick. Da sie miteinander verklebt sind, habe ich sie nicht gewogen. Direkt nach der Ablage sind sie verhältnis-mäßig weich und werden nach einigen Stunden immer härter.

Das Weibchen bleibt normalerweise ein bis zwei Tage auf den Eiern liegen. Ob sie in der

Natur auch längere Zeit auf den Eiern verbleibt, ist nicht bekannt. Bei achtundzwanzig bis dreißig Grad tagsüber und einer Abkühlung nachts schlüpfen die jungen Schlangen nach etwa sechzig Tagen, manchmal auch etwas früher.

Nach dem Schlupf sind die Vierstreifennattern etwas über dreißig Zentimeter lang und wiegen etwa zwanzig bis dreißig Gramm.

Nach der ersten Häutung, welche nach zwei bis drei Wochen stattfindet, nehmen nur einzelne Tiere sofort Nahrung in Form von Babymäusen an. Manche fressen erst nach einer zwei- bis dreimonatigen Winterruhe. Dann allerdings geht es richtig los. Jede Woche erwarten die Kleinen ihre Fütterung und zeigen durch lebhaftes Suchen ihren Appetit an. Im Herbst stellen sie selbstständig die Nahrungsaufnahme ein und zeigen dem Pfleger, dass sie bald überwintern wollen.

Die ersten zwei Jahre können die kleinen ihre Körpergröße jährlich verdoppeln und schon nach einem Jahr 90 cm erreichen, nach zwei Jahren geht es dann langsamer. Mit dem dritten bis vierten Lebensjahr und einer Länge von etwa 120 cm erreichen die Vierstreifennattern die Geschlechtsreife.

Ich konnte das Wachstum der Jungschlangen im ersten Lebensjahr bei meinen nachgezüchteten Vierstreifennattern mit denen im Lebensraum vergleichen.

Das war zwar sehr aufwendig, da die einjährigen Jungtiere in der Natur kaum zu finden sind. Aber nach langer Suche habe ich auf Krk doch einige sichere Einjährige gefunden, die sehr deutlich in Länge und Gewicht hinter meinen Nachtzuchten lagen.

Während meine „Haustiere" ihr Gewicht im ersten Jahr verdoppelt hatten, entsprach das Gewicht der Jährlinge im Lebensraum im Mai noch ziemlich dem Geburtsgewicht. Vermutlich nehmen die Jungschlangen im Jahr des Schlupfes keine oder kaum Nahrung vor der Winterruhe auf. Im Terrarium sind sie leichter zu einer früheren Nahrungsaufnahme zu bewegen.

Erstaunlicherweise fand ich im Gelände gelegentlich Jungschlangen vom Vorjahr aber nie eine Zwei- bis Dreijährige. Erst mit dem Erwachsenenalter tauchen sie wieder auf. Entweder leben diese Altersstufen extrem versteckt oder sie sind durch Prädatoren bis auf wenige Ausnahmen reduziert.

Gerade die frisch geschlüpften Schlangen sind häufig als Opfer des Straßenverkehrs zu finden, für ihre natürlichen Feinde sind sie ebenfalls eine leichte Beute.

Elaphe sauromates:

(Östliche Vierstreifennatter)

Diese in den Artstatus erhobene Form der Vierstreifennatter bereitet mir erhebliche Kopfschmerzen. Eigentlich dürfte es diese Art überhaupt nicht geben. Nach vorherrschender Meinung der Evolutionstheoretiker ist für die Entstehung einer neuen Art die räumliche Isolation unabdingbar (Mayer, 1942 Systematics and the Origin of Species). Nur wenn eine Art durch eine wie auch immer geartete Barriere von ihren Artgenossen isoliert wird, kann sich im Laufe der Zeit durch genetische Anomalien daraus eine neue Art bilden. Besteht keine Barriere, werden Anomalien durch Paarung mit Art typischen Geschlechtspartnern wieder revidiert.

Elaphe sauromates ist für Nordostgriechenland, die Türkei, Bulgarien, Rumänien, westliches Russland, Kaukasus Region und Iran bestätigt. Zumindest in der Grenzregion zu Bulgarien trifft sie mit den griechischen Vierstreifennattern zusammen. Dadurch würde sich eine Artbildung verbieten. Auf der anderen Seite ist sie Elaphe quatuorlineata in Verhalten und Körperbau so ähnlich, dass eine gemeinsame Abstammung angenommen werden muss.

Genetische Untersuchungen werden hoffentlich diese Fragen bald klären, allerdings ist damit in absehbarer Zeit kaum zu rechnen. Vielleicht liegt der Grund im unterschiedlichen Zustand des Mittelmeeres in den vergangenen Jahrtausenden. Dabei wurden durch steigendes Wasser die Vierstreifennattern eventuell räumlich für lange Zeit getrennt, und die östlichen zu einer Veränderung der Lebensweise gezwungen.

Elaphe sauromates scheint noch stärker an das Wasser gebunden zu sein als Elaphe quatuorlineata. Sehr oft wird sie direkt an Gewässern gefunden, und flüchtet bei Gefahr auch ins Wasser (Thieme 1983).

Auch dies spricht für eine Artbildung durch Wasserbarrieren.
Nach meinen Beobachtungen ist sie nicht so fruchtbar wie Elaphe quatuorlineata. Die meisten Gelege umfassen kaum fünfzehn Eier, meist deutlich weniger. Thieme berichtet zwar von einem Gelege von siebzehn Eiern (Thieme 1983), das dürfte aber eine Ausnahme und auf das überreiche Angebot im Terrarium zurückzuführen sein. Außerdem stammte dieses Gelege auch von einem sehr großen Weibchen (165 cm). All diese Abweichung sprechen für eine Inselform, die mit einem begrenzten Nahrungsangebot zurechtkommen musste.

Bleibt zu hoffen, dass diese eindrucksvollen

Schlangenarten auch die nächsten Jahrzehnte erhalten bleiben. Leider musste ich fast überall einen dramatischen Rückgang innerhalb von drei Jahrzehnten registrieren. Und immer war der Mensch durch die Vernichtung des Lebensraumes, aber auch durch direkte Verfolgung, die Ursache. Schlangen haben leider eine sehr kleine Lobby, von dem größten Teil der Bevölkerung werden sie abgelehnt.

Über Jahrzehnte hatte ich die Illusion, durch Erhaltungszucht könnte ich die Kreuzottern in Deutschland retten. Über einige Jahrzehnte ist ein solcher Versuch bedeutungslos. Wer sollte nach mir oder noch viel später dieses weiter betreiben.

Bis entsprechende Biotope unter Schutz gestellt und für lange Zeit gesichert wären, wäre von meinen Nachzuchtschlangen vermutlich nichts mehr vorhanden.

Vielleicht bin ich aber durch schlechte Erfahrungen zu pessimistisch geworden und andere gehen mit neuem Mut an dieses Problem und haben Erfolg.

Solche Projekte machen nur Sinn, wenn sie von einem größeren Personenkreis oder auch zoologischen Gärten begleitet oder durchgeführt werden. Für einige wenige Arten laufen zum Glück schon vielversprechende Zuchtprogramme.

Entweder dies wird noch weiter ausgeweitet oder die Menschheit verliert die nächsten Jahrzehnte einen Großteil an Tierarten (Orth, Die verlorene Vielfalt, AAFAA Verlag 2012).

Die Treppennatter

(*Rhinechis scalaris*)

Meine erste Treppennatter sah ich auf dem gleichen Hügel im Süden Frankreichs, auf dem ich auch die ersten Eidechsen-nattern gesehen hatte. Es war ein Tier mit einer Länge von etwa einem Meter und verhielt sich beim Anfassen genau wie eine Vierstreifennatter.

Diese Natter lebt von Südfrankreich bis Spanien in trockenen und möglichst von der Sonne beschienenen Stellen. Im Aussehen ähnelt sie der Vierstreifen-natter, mit der sie auch im Verhalten einiges gemeinsam hat. Im Gegensatz zur Vierstreifennatter habe ich sie allerdings nie auf Bäumen oder Büschen gesehen. Da sie mit 140 cm bei weitem nicht so groß wird, eignet sie sich viel besser für die Haltung im Terrarium.

Die Terrarieneinrichtung sollte genau wie bei der Vierstreifennatter sein.

Die Ernährung mit Mäusen bereitet keine Schwierigkeiten und auch die Nachzucht klappt problemlos.

Die Gelbgrüne Zornnatter

(Coluber viridiflavus)

Die Zornnatter hat mit ihren Unterarten ein sehr großes Verbreitungsgebiet von Nordspanien bis auf den Balkan. Es werden mehrere Unterarten beschrieben, auf die ich nicht weiter eingehen will. Vom Aussehen am stärksten weicht die Unterart carbonarius ab, diese ist vollkommen schwarz.

Wie die Eidechsennatter lebt sie in sehr trockenen Lebensräumen und verschwindet bei Gefahr blitzschnell. Wird sie ergriffen, macht sie ihrem Namen alle Ehre und beißt sofort zu. Als Nahrung dienen ihr alle in der Größe passenden

Reptilien, Mäuse und Vögel.

Auf Krk haben wir sie mehrmals beim verzehren von Schlangen gesehen, dabei macht sie auch vor der eigenen Art nicht halt.

Da sie im Terrarium nur alleine gepflegt werden kann, halte ich sie nicht für einen geeigneten Pflegling. Dazu wird sie mit einer Länge von bis zu 200 cm recht lang und behält immer ihr reizbares Gemüt.

Die Hufeisennatter

(Coluber hippocrepis)

Diese schöne Natter lebt in Spanien und Nordwestafrika in trockenen Lebensräumen und wird bis 150 cm lang. Anders wie die beiden vorgenannten Arten ist sie mehr in der Dämmerung aktiv. Dabei liebt sie die Wärmeabstrahlung von Steinen, die ihr auf Straßen oft zum Verhältnis wird.

Wird sie ergriffen, beißt sie wie die

beiden vorigen Arten ungeniert zu.

In einem geräumigen Terrarium ist sie gut zu pflegen und nimmt aufgetaute Mäuse problemlos an. Allerdings behält sie ihr nervöses Naturell meist bei. Daher sind geräumige Verstecke bei ihrer Pflege unabdingbar.

Am Skutarisee

Blick auf den Skutarisee

Vierstreifennatter bei der Eiablage

Vierstreifennattern beim Schlupf

Elke mit Vierstreifennatter

Elke mit Eidechsennatter

Eidechsennattern

Vierstreifennatter im Lebensraum

Junge Vierstreifennatter

Schlingnatter

Vipera ammodytes

Die Hornotter pflegt man der Herkunft gemäß in einem überwiegend trockenem Terrarium mit einzelnen Steinen und Versteckplätzen. Um die notwendige Hygiene aufrecht zu erhalten, sollte auf eine Bepflanzung Sicherheitsgründen verzichtet werden. Durch ihre Größe hat sie eine große Reichweite für Angriffe, wie ich schmerzlich erfahren musste. Diese Art ist besonders einfach zu pflegen und zu vermehren (s. a. Holzberger 1980). Im Gegensatz zur Kreuzotter kommen die Weibchen der Hornottern in der Regel nur jedes zweite Jahr in Paarungsstimmung. Allerdings hatte sich bei mir eine weibliche Vipera a. ammodytes gepaart, obwohl das Tier im Vorjahr neun Jungtiere geboren hat. Die Winterruhe muss trocken bei 4øC bis 8øC erfolgen (s. a. Trutnau 1981, Schweiger 1992). Die Dauer der Winterruhe kann 1 bis 5 Monate betragen. Gerade ihr auffälliges Hörnchen und der stark abgesetzte Kopf macht sie unverwechselbar. Die größten Exemplare leben in Österreich, jedoch findet man in Norditalien und Slowenien annähernd

gleich große Tiere. Besonders die Österrei-
chischen Hornottern, die früher als eigene
Unterart aufgeführt wurden (Vipera ammodytes
gregorwallneri) werden bis zu 90 Zentimeter
lang und recht kräftig.

Eine recht spektakuläre frühere Unterart lebt
in der Umgebung von Bozen(Vipera ammodytes
ruffoi). Das Zusammentreffen mit dieser eindrucksvollen Schlange überrascht auch den
Kenner von Schlangen. Auf diesem roten Phorpyrgestein eine fast silberne Otter zu finden
ist eigenartig. Allerdings habe ich in diesem
Lebensraum auch Exemplare gefunden, welche
sich von den Ammodytes in Istrien nicht unterschieden. Bis vor etwa fünfzehn Jahren
waren die Südtiroler Hornottern sehr gesucht
und entsprechend teuer. Dann klappte es
plötzlich bei vielen Haltern mit der
Nachzucht und die Jungtiere waren kaum noch
abzusetzen.

Damit will ich nicht zum Ausdruck bringen,
dass die Nachzucht von Schlangen ein Geschäft
werden soll. Doch nur wer einen angemessenen
Beitrag für die Aufwendungen erhält, wir auch
über Jahre züchten.

Die augenblickliche Situation ist mir unbe-
kannt.

Wie bei allen Ammodytes sind die Kopfschilde
geradezu winzig und der Kopf wirkt dreieckig.

Die Rückenzeichnung ist gerade bei den Männchen sehr ausgeprägt. Die Hornottern aus Südtirol, Österreich und dem nördlichen Balkan haben eine mehr oder weniger ausgeprägte rote Schwanzunterseite(Vipera ammodytes ammodytes). Die Südlichen Hornottern sind deutlich zierlicher und haben eine grüne Schwanzunterseite (Vipera ammodytes meridionalis). Alle weiteren Unterart Beschreibungen sind mit Vorsicht zu genießen. Zeitweise gab es ein wahres Wirrwarr an beschriebenen Unterarten.

Am Ende meiner Schlangen Laufbahn erhielt ich einen schweren Biss von einer Hornotter. Dieses männliche Tier vom Skutarisee war sehr gefräßig, wollte ich das Weibchen füttern, musste ich das Männchen aus dem Terrarium nehmen.

Eines Tages wollte ich Kot aus dem Terrarium entfernen und achtete darauf, dass die Schlangen weit genug entfernt waren. Bei der Entfernung von 120 Zentimetern hielt ich die Situation für ungefährlich. Die Hornottern waren damals etwa neunzig Zentimeter lang. Wie eine Sprungfeder schnellte das Männchen vor und erwischte meine Hand.

Hier ein Bericht, den ich kurze Zeit nach diesem Unfall verfasste.

„Am 23.04.2005 um 17 Uhr Biss einer hungrigen Hornotter (Vipera ammodytes vom Skutarisee) in das rechte Daumengrundgelenk. An der Bissstelle waren sowohl die beiden Giftzähne als auch drei weitere Zähne zu sehen.

Innerhalb einer Stunde Schwellungen im Gesicht aufgrund einer allergischen Reaktion. Ebenso zunehmende Schwellung der gesamten rechten Hand. Im Verlauf von den nächsten Stunden weitete sich die Schwellung über den gesamten rechten Arm aus und der ganze Körper war von einem stark juckenden Ausschlag überzogen.

Am nächsten Morgen ging der Ausschlag am Körper etwas zurück, die Schwellung der Hand und des Armes hatten sich aber stark erweitert und zeigte sich auf dem ganzen Oberkörper.

Da die Schwellung des der Hand und des Armes mittlerweile die Haut stark anspannte entschloss ich mich am 24.04.05 um 19,30 Uhr das Krankenhaus in Lich aufzusuchen.

Da eine Antiserumgabe aufgrund einer Allergie nicht in Frage kam, wurde Intravenös Antihistaminika und Cortison verabreicht. Im verlauf von vier Tagen waren Schwellung und Blutwerte soweit in Ordnung, dass ich die Intensivstation verlassen konnte.

Heute, am 01.05.2005, ist die Schwellung fast ganz abgeklungen. Der Daumen ist noch unbeweglich und im ganzen rechten Arm sind noch Schmerzen aufgrund der starken Schwellung zu spüren. Ebenfalls spüre ich immer noch unterschwellige Schmerzen im Bereich der beiden Nieren.

08.05.2005: Der Daumen ist immer noch geschwollen und sehr eingeschränkt beweglich. Die rechte Hand ist noch leicht geschwollen. Die Schmerzen im Bereich der Nieren sind *noch fast unverändert vorhanden. Ein Bluttest ergab noch leicht erhöhte Werte, die Ergebnisse eines Urintestes liegen noch nicht vor.*

20.05.2005: Der Daumen ist noch immer geschwollen und noch nicht weiter beweglich.

Die Nieren machen sich sporadisch bemerkbar und im Allgemeinbefinden bin ich noch etwas matt. Die Schwellung der rechten Hand ist noch etwas erkennbar.

Lästig sind Schmerzen im gesamten rechten Arm, vermutlich gequetschte Nerven aufgrund der starken Schwellung die ersten vier Tage nach dem Biss.

04.06.2005:Der Zustand des Daumens ist fast unverändert. Die Nieren schmerzen nur sehr selten. Der Zustand allgemein ist schwer zu beurteilen, vermutlich noch leicht beeinträchtigt.

Geschwollen ist nur noch der Daumen.

25.06.2005: Bis auf die Schwellung am Grundgelenk des Daumens und einer beeinträchtigen Beweglichkeit des Daumens sind mittlerweile alle Symptome abgeklungen. Aufgrund der schweren Folgen die in erster Linie auf meine Allergie zurückzuführen sind, habe ich mich entschlossen, die Vipernhaltung aufzugeben.

Dieser Bericht zeigt deutlich, bei Arbeiten im Terrarium und besonders bei der Fütterung dürfen sich keine Nachlässigkeiten einschleichen.

Unvergesslich sind für mich die Stunden am Skutarisee 1989. Überall konnten wir Hornottern in den verrücktesten Farben bewundern. Bei diesen Schlangen wurde es offensichtlich, auf welchem wackligen Boden die Bestimmung von Unterarten steht. Direkt nebeneinander fanden wir Exemplare mit roter und grüner Schwanzunterseite. Mitten in einem Waldstück kroch mir ein zitronengelbes Jungtier über den Weg. Ein Stück weiter lag ein rotes Weibchen auf einem Steinhaufen. Für den Schlangenfreund Momente der Begeisterung. Ob es heute noch so in diesem Gebiet aussieht, weiß ich leider nicht. Bedingt durch den Balkankrieg war es lange nicht möglich, dahin zu kommen. Und heute ist es mir einfach zu weit, man wird halt nicht jünger.

In Südtirol haben wir öfter die Porhpyrhalden in der Umgebung von Leifers aufgesucht. Hier wird das rote Phorpyrgestein für den Export nach ganz Europa abgebaut. Auf den Abraumhalden haben wir immer wieder die schönen Südtiroler Hornottern bewundern können. Ohne Zweifel sind die im Lebensraum noch viel beeindruckender wie im Terrarium. Diese Standortform ist in der Pflege nicht so einfach, wie ihre Schwestern aus anderen Lebensräumen. Offensichtlich sind die Umweltbedingungen dieses speziellen Gebietes wichtig für das Wohlbefinden der Art. Zwar habe auch ich Nachzuchten bei diesen Tieren gehabt, aber überwältigend waren die nicht. Von befreundeten Terrarianern habe ich auch bestätigt bekommen, dass die Art im Terrarium nicht so langlebig ist. Ob die Haltung in einem Freilandterrarium dieses Problem lösen könnte, habe ich nicht versucht.

Ansonsten sind Hornottern durchaus robuste und langlebige Pfleglinge, die dem verantwortungsvollen Terrarianer viel Freude bereiten. Da sie sich über Generationen problemlos vermehren lassen, steht ihrer Pflege nichts im Wege. Außer hirnrissigen Gefahrtierverordnungen.

Die Arbeiter in den Steinbrüchen bei Leifers hassten diese Hornottern. Angeblich lag auf jedem Stein eine. Das habe ich nicht so empfunden, erst nach langem Suchen konnte ich zwei fotografieren. Leider lassen sich diese Leute auch von gesetzlichen Regelungen nicht davon abhalten, jede gesehene Hornotter zu erschlagen.
Dieses Problem besteht jedoch in ganz Europa. Der Schutz der Reptilien besteht nur auf dem Papier.

Leider werden die Halden auf der Seite von Leifers immer weiter abgebaut, auf dieser Seite der Etsch haben diese schönen Vipern kaum eine Überlebenschance.

In Istrien hatten wir eine einzige Hornotter gesehen, dieses Weibchen erinnerte sehr stark an die Südtiroler Hornottern. Da gerade in Istrien die Natur stark im Rückzug ist, dürften die Hornottern hier schon verschwunden sein.

Auf Krk haben wir die Hornottern immer nur sporadisch gesehen, dass lag aber mehr an dem reich strukturierten Lebensraum. Im Vergleich zu den Hornottern vom Skutarisee wirken die von Krk sehr schwach gezeichnet. Trotzdem ist es immer wieder eine schönes Erlebnis, so ein Hörnchen plötzlich zu entdecken.

Vipera aspis

Wie am Anfang schon erwähnt, hatte ich die erste Begegnung mit dieser Viper in Südtirol bei Meran.

Sie ist deutlich kleiner wie die Hornotter und die Schnauzenspitze ist nur leicht aufgeworfen. Von der Färbung variiert sie gewaltig je nach Herkunft. Gerade im Südlichen Frankreich findet man sehr bunte Vipern. Die Aspisvipern, die ich in Südtirol fand, waren dagegen ziemlich unscheinbar. Von der Kreuzotter ist sie besonders durch die eher barrenartige Rückenzeichnung zu unterscheiden. Von der Giftwirkung liegt sie zwischen Hornotter und Kreuzotter.

Es sind eine Menge Unterarten beschrieben auf die ich hier nicht näher eingehen will. Diese scheinen jedoch eindeutiger zu sein wie bei Vipera ammodytes.

Im Einzelnen werden folgende Unterarten unterschieden:

Vipera aspis aspis: Nord- und Zentralfrankreich und Südschwarzwald.

Vipera aspis atra: Zentral- und Südschweiz.

Vipera aspis francisciredi: Nord- und Zentralitalien.

Vipera aspis hugyi: Sizilien.

Vipera aspis montechristi: Insel Montechristo und wenige Stellen in Italien.

Vipera aspis zinnikeri: Spanische und französische Pyrenäen.

Für uns von besonderer Bedeutung ist das Vorkommen im Schwarzwald. Hier lebt die Nominatform (Vipera aspis aspis) bis in den deutschen Raum. Es werden insgesamt fünf Unterarten aufgeführt, die sich oftmals nicht deutlich unterscheiden. Hier wird die Zukunft hoffentlich noch etwas Klarheit bringen.

Wie bei der Hornotter sind auch bei ihr Haltung und Zucht recht einfach. Die Terrarieneinrichtung ist die gleiche wie bei Vipera ammodytes, jedoch ist eine lockere Bepflanzung möglich, und wird von den Schlangen sehr geschätzt. Der Behälter für die Winterruhe sollte etwas feuchter eingerichtet sein wie bei Ammodytes, aber nicht nass. Die Temperatur bei der Überwinterung sollte ebenfalls zwischen 4øC und 8øC betragen.

Die Aspisviper kann sich im Terrarium jedes Jahr fortpflanzen, die Aufzucht der Jungtiere bereitet keine Probleme.

Selber habe ich sie nur eine kurze Zeit gepflegt, und das ist schon fast vierzig Jahre her. Sie erwiesen sich bei mir als sehr ruhige und angenehme Pfleglinge. Das Terrarium war mit einigen Pflanzen eingerichtet und zur Verschönerung noch mit Moospolstern dekoriert. Schon nach kurzer Zeit haben sich die Aspisvipern gepaart und mir einen Wurf sehr schöne Junge beschert. Davon habe ich vier Tiere weiter aufgezogen und den Rest an befreundete Terrarianer weitergegeben. Diese vier Jungtiere haben sich prächtig entwickelt und waren nach einem Jahr schon recht stattliche Vipern.

Leider habe ich bei einer Fütterung nicht aufgepasst und mindestens eine Aspisviper übersehen. Durch den Mäusegeruch aufgeregt haben mich dann zwei im Finger erwischt. Es kam schnell zu einer starken Schwellung, die sich auf den gesamten Arm ausdehnte. Nach einer Behandlung mit Europaserum ging die Schwellung innerhalb von drei Tagen zurück und es blieben auch keine sonstigen Folgen. Auf Drängen meiner Frau musste ich daraufhin die Aspisvipern hergeben.

Da sie stellenweise sehr an Hecken gebunden ist, stellt deren Erhaltung einen wichtigen Aspekt zum Überleben dieser Viper dar. Wie alle Schlangen erleidet sie auch gewaltige Verluste durch die direkte Verfolgung durch den Menschen. Nur durch hartnäckige Aufklärungsarbeit kann der weitere Rückgang aufgehalten werden.

Schwarze Kreuzotter

Normalgefärbte Kreuzotter

Junge Kreuzotter

Frisch geschlüpfte Kreuzottern

Vipera ammodytes gregorwallneri

Vipera ammodytes ruffoii

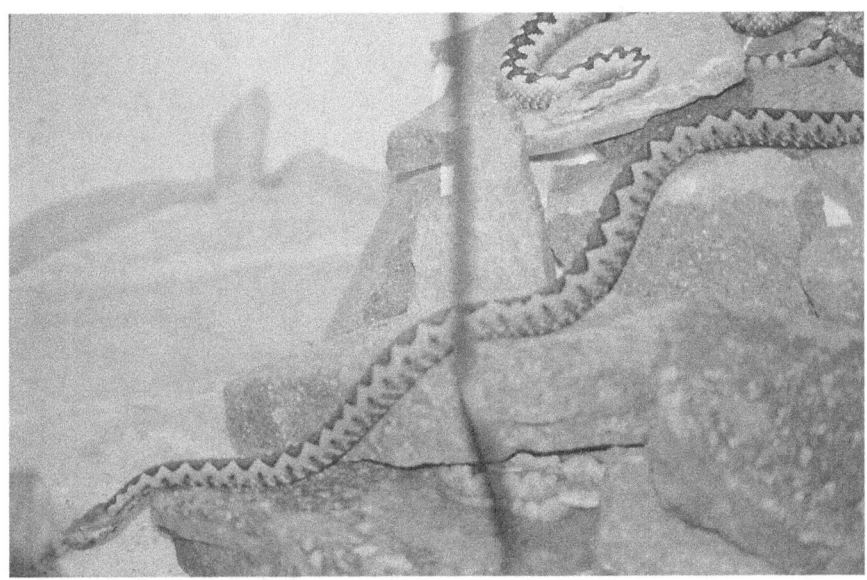

Hornottern aus Süd Tyrol

Vipera berus

Kreuzottern sind die am weitesten verbreiteten Schlangen Europas. Sie leben im Nordosten bis nahe an den Rand des ewigen Eises und im Süden bis Frankreich und Italien. Dabei besiedeln sie immer die raueren und auch feuchteren Lebensräume.

Es wäre interessant festzustellen, ob sie das aus Vorliebe tun, oder ob sie von den moderneren Vipern wie Vipera aspis oder Vipera ammodytes hierher verdrängt werden.

Vermutlich leben die Schlangen in kalten oder nassen Gebieten nicht, weil es dort kalt oder nass ist, sondern obwohl.

Die Kreuzotter fühlt sich in einem natürlich bepflanzten Terrarium am wohlsten, muss aber an einigen Stellen die Möglichkeit haben, ausreichend Strahlungswärme aufzunehmen. Man kann als Faustregel für die erfolgreiche Haltung der Kreuzotter sagen, in einem Terrarium, in dem Pflanzen gedeihen und das ausreichend Strahlungswärme erhält, ist die Pflege fast kein Problem. Tägliches übersprühen des Behälters ist notwendig (s. a. Muschketat & Muschketat 1989). Das Substrat für die Überwinterung muss ausreichend feucht sein, darf aber nicht schimmeln. Die Temperatur kann zwischen 2øC und 8øC schwanken (s. a. Trutnau 1981).

Das Verhalten

Bei dem Beobachten der Kreuzotter im Terrarium kann man interessante Beobachtungen machen. Die Tiere wurden Jahrhunderte lang in Bezug auf ihre geistige Leistungsfähigkeit unterschätzt.

Sehr schnell gewöhnen sie sich an ihren Pfleger und passen sich in ihrem Verhalten an neue Gegebenheiten an. Mich konnten sie im Terrarienraum deutlich von anderen Besuchern unterscheiden. In ihrem Verhalten bestanden sichtbare Unterschiede wenn ich den Raum betrat oder ein Besucher. Jahrzehnte lang hat sich die Verhaltensforschung bei Reptilien schwer getan. Bei neueren Untersuchungen hat sich gezeigt, nicht die Reptilien waren bei Problemlösungen unfähig, sondern die Verhaltensforscher selber.

Sie haben wechselwarme Tiere unter den gleichen Gesichtspunkten getestet wie Säugetiere und Vögel. Gerade hat sich bei Schildkröten bestätigt, dass sie zu weitaus größeren geistigen Leistungen fähig sind, wie bisher vermutet. (*Die Kognitionsforscherin Anna Wilkinson von der britischen University of Lincoln 2015)*

Schlangen als primitive und minder entwickelte Kreaturen ohne Bewusstsein anzusehen, wird diesen Tieren bei Weitem nicht gerecht. Gerade Vipern sind in ihrem Verhalten sehr komplex. Meine Kreuzottern haben im Laufe der Zeit unterscheiden können, ob ich zu Pflegearbeiten an das Terrarium kam, oder ob es Futter gab. In beiden Fällen war das Verhalten deutlich zu unterscheiden. Habe ich das Wasser gewechselt oder Kot entfernt, blieben die Kreuzottern fast unbeteiligt liegen. Kam ich zur Fütterung, wurde die ganze Gesellschaft unruhig, auch ohne die Maus riechen zu können.

In der Zeit meiner Immunität gegen das Gift der Kreuzotter habe ich mich oft recht sorglos im Umgang mit ihnen verhalten. So konnte ich die Kreuzottern mit der bloßen Hand aufnehmen, ohne das eine versucht hätte, mich zu beißen. Das empfehle ich jetzt nicht zur Nachahmung, ich war ja damals immun gegen das Gift und mit den Kreuzottern recht vertraut.

Wichtig ist, die Tiere genau zu beobachten und bei unruhigem Herumkriechen die Haltungsparameter zu überprüfen. Wenn die Tiere nach zwei Monaten keine Nahrung aufgenommen haben, stimmt etwas nicht. Länger zu warten schwächt die Schlangen und ist gefährlich. Stimmt die Belüftung, sind genug Verstecke mit verschiedenen Wärme- und Feuchtigkeitsbereichen vorhanden.

Und schließlich das alles Entscheidende, sind es ganz sicher keine Wildfänge? Kreuzottern sind gesetzlich geschützt und Störungen jeglicher Art sowie der Fang oder das Erschlagen sind verboten. Des öfteren werden jedoch Kreuzottern aus angeblicher Nachzucht angeboten ohne es offensichtlich wirklich zu sein. Ein Wildfang wird im Zimmerterrarium mit größter Wahrscheinlichkeit sterben.

Ohne schnelles Entgegenwirken werden die Kreuzottern in Mitteleuropa vermutlich in wenigen Jahren im größten Teil ihres Verbreitungsgebietes verschwunden sein. Zerstörung des Lebensraumes, Landschaftsverbrauch, direkte Verfolgung durch den Menschen und die massive Zunahme der Wildschweine werden ihnen unausweichlich das Ende bereiten.

Auch die Hauskatze hat ihren Anteil an dem Rückgang der Kreuzotternbestände. So haben Untersuchungen gezeigt, dass der Bestand an Schlangen in Gebieten, in denen Katzen streunen, um über ein Drittel niedriger ist wie in vergleichbaren Gebieten.

Leider haben meine Beobachtungen den Biotopschutz alleine als nicht ausreichend bestätigt. Selbst in noch scheinbar optimalen Lebensräumen gehen die Bestände unaufhaltsam zurück.

Je nach Geschlecht und Lebensraum erreicht die Kreuzotter eine Länge von 48 bis 80 Zentimeter. Dabei werden die Weibchen deutlich größer und schwerer wie die zierlicheren Männchen. Von verschiedener Seite wurde mir von einer Länge bis zu 100 Zentimetern berichtet, leider habe ich noch keine Kreuzotter in dieser Größe gesehen. Bis dahin gehe ich von einer Falschbeobachtung aus, sollte diese Länge wirklich vorkommen, wäre sie sicherlich schon dokumentiert worden.

Der ovale Kopf setzt sich nicht so stark ab wie bei der Aspisviper, und bei weitem nicht so stark wie bei der Hornotter. Über den Rücken verläuft in der Regel das typische

Zickzackband, welches besonders bei den kontrastreicher gefärbten Männchen im Frühjahr schön zum Ausdruck kommt.

Überhaupt ist die Körperfärbung der Kreuzotter an Variabilität kaum von anderen Schlangen zu übertreffen. Man findet lackschwarze, kupferrote, gelbliche, silbergraue und fast einfarbig braune Exemplare. Gerade die Männchen sind nach der ersten Häutung im Frühjahr mitunter geradezu wunderschön gefärbt. Die Augen sind fast rot und die Pupille ist zu einem senkrechten Schlitz verengt. Vereinzelt fand ich fast gelbe Weibchen, welche in ihrer Farbenpracht den Männchen kaum nachstehen. Die Schnauzenspitze ist, wenn überhaupt, nur andeutungsweise aufgeworfen. Die Giftzähne sitzen im Oberkiefer in Schleimhautfalten und werden beim Biss nach vorne geklappt.

Wie bei vielen anderen Tieren auch, sind die Kreuzottern im nördlicheren Teil des Verbreitungsgebietes meist schwerer und auch länger wie die weiter südlich lebenden. Vermutlich können diese die längere Winterruhe besser überstehen. Auch viele andere Tierarten erreichen im Norden eine andere Größe wie im Süden ihres Verbreitungsgebietes.

Zu ihrem Schutz sind in erster Linie die Biotope wie besonnte Waldränder oder Moore zu schützen. Ebenso sollten wieder vermehrt

Kahlschläge im Wald hergestellt werden. Die moderne „Naturnahe" Waldbewirtschaftung ist Gift für die Kreuzotter. Das hilft jedoch vermutlich alles nichts, wenn es nicht gelingt, die Wildschweine deutlich zu dezimieren. In der Nähe noch vorhandener Kreuzotterbestände muß weiterhin der Freilauf von Hauskatzen eingeschränkt oder noch besser verboten werden.

Das Erschlagen von Kreuzottern muss endlich als Straftat entsprechend geahndet werden.

Iberische Kreuzotter oder *Seoane-Viper*

Vipera seoanei (LATASTE 1879)

Durch einen Zufall kam ich zu einigen Iberischen Kreuzottern. Die ersten Monate habe ich die Tiere in einem geräumigen

Freilandterrarium gepflegt

Noch im Herbst kam es zu ersten Paarungen und ich war gespannt, wie die Spanier den Winter überstehen.

Beschreibung:

Diese Viper bewohnt den Norden Spaniens, Teile Portugals und den Südwesten Frankreichs. Sie ist bedeutend zierlicher als unsere Kreuzotter, teilt mit ihr jedoch die gedrungene Körperform. Manche Exemplare erinnern mit ihrer Zeichnung stark an die Kreuzotter, andere eher an die Aspisviper. Am außergewöhnlichsten sind längsgestreifte Exemplare (Bilineata), sie kommen hauptsächlich in Asturien vor. Bei ihnen besteht die Zeichnung aus zwei Bändern, die auf beiden Seiten des Rückens verlaufen.

Es wird noch eine Unterart beschrieben, Vipera seoanei cantabrica (Brana & Bas, 1983), welche vom Aussehen stark an die Aspisviper erinnert.

In der Grundfärbung ist diese Viper sehr variabel und reicht von einem hellen Braun bis

Beige. Ebenso variabel ist die Zeichnung, die bei manchen Tieren der Kreuzotter zum verwechseln ähnelt.

Wie bei der Kreuzotter gibt es auch vollständig schwarze Exemplare. Am auffälligsten sind die Tiere mit den zwei Längsbändern auf dem Rücken, welche bei einigen ein schönes orange ziert.

Die Schuppen sind wie bei der Kreuzotter deutlich gekielt. Die Bauchseite hat durchschnittlich 130 bis zu 150 Ventralia und 30 bis zu 150 Ventralia. Auf der Schwanzunterseite befinden sich 30 bis über 40 subcaudalia.

Das Gift von Vipera seoanei scheint noch weniger potent zu sein wie bei unserer Kreuzotter, trotzdem wird sie von der Bevölkerung vielerorts noch immer verfolgt und getötet.

Vom Verhalten und den bevorzugten Lebensräumen ist die Iberische Kreuzotter, vor allem die Nominatform, der Kreuzotter sehr ähnlich.

Nach eigenen Beobachtungen ist sie etwas wärmebedürftiger als die Kreuzotter und bleibt bei Temperaturen unter zwanzig Grad im Versteck. Auch stellt sie früher im Jahr die

Nahrungsaufnahme ein. Auch neuerliche warme Tage bringen sie im Herbst nicht mehr so schnell an die Oberfläche. Lediglich einzelne Tiere konnte ich noch beim Sonnen beobachten.

Das steht im starken Gegensatz zu unserer Kreuzotter. Bei späten Schönwetterperioden sind diese schnell wieder in der Sonne. Im Gegensatz zur Kreuzotter kommen Herbst-paarungen öfter vor.

Im natürlichen Lebensraum, vom Atlantik be-einflussten Wetter, sieht dies ganz anders aus, hier können im Herbst und sogar im Win-ter an schönen Tagen Tiere vor ihren Ver-stecken angetroffen werden. In der Wahl ihrer Partner nehmen es diese Vipern nicht so genau wie unsere Kreuzotter (Orth, K. 1992). Mehrmals konnte ich Partnerwechsel innerhalb weniger Stunden beobachten.

Im Gegensatz zur Kreuzotter paart sich diese Art im Frühjahr schon vor der Häutung der Männchen. Im Frühjahr ist die Iberische Kreuzotter allerdings genau so hart wie un-sere. Selbst bei einer Temperatur deutlich unter zehn Grad suchen sie die Sonne und be-ginnen mit Kommentkämpfen. Das passt zu ihrem kühlen und regenreichen Lebensraum. Es erstaunt immer wieder, unter welchen Bedin-gungen Kreuzottern überleben können, wenn wir sie nur lassen.

Die Haltung:

Als es im Frühjahr wieder wärmer wurde, er-
schienen die ersten Seoanei wieder an der
Oberfläche und es kam wieder zu Paarungen. Da
ich die Weibchen nicht gezielt füttern konnte, die Anlage ist knapp fünf auf fünf Meter
groß und stark strukturiert, hatte ich alle
in ein Zimmerterrarium gesetzt.

Der Bodengrund bestand aus Kokoshumus, den
ich im Gegensatz zu vielen anderen Haltern
zum größten Teil trocken hielt.

Nachdem es täglich zu Paarungen mit Kommentkämpfen kam, habe ich die Vipern auf zwei
Terrarien aufgeteilt. Wenn sich die Männchen
dauernd bekämpfen, wird die Unruhe zu groß.

In der Folge haben die Weibchen einen guten
Appetit entwickelt und nahmen schnell an Umfang zu. Zwar sollte man die Vipern nicht
überfüttern, trächtige Weibchen brauchen jedoch Nachschub.

Nach knapp drei Monaten setzte das kleinere
Weibchen vier Junge ab, die schon recht groß
waren. Im Gedenken der Schwierigkeiten die

mir die Allergie neun Jahre zuvor bereitet hat, habe ich die Jungen weder gemessen noch gewogen. Drei Tage später hat das große Weibchen dann zwölf Junge abgesetzt. Diese Jungen waren ebenfalls gesund und munter, jedoch etwas kleiner wie die aus dem Wurf mit vier Jungtieren. Innerhalb weniger Tage gingen nach und nach alle Jungtier an aufgetaute Babymäuse.

Erstaunlicherweise kam es drei Monate nach dem Absetzen der Jungen zu erneuten Paarungen der Elterntiere. Es wäre interessant zu wissen, ob das in der Natur ebenfalls vorkommt.

Waren damals meine Kreuzottern und Hornottern schon manchmal sehr gefräßig, die Seoanei stellen sie bei weitem in den Schatten. Bei der Pflege dieser Fresser muss man äußerst vorsichtig sein. Die schnappen gierig nach allem, mit Sicherheit würden sie auch vor meinen Fingern nicht halt machen.

Nach einem halben Jahr waren sie schon gut gewachsen und hatten sich in dieser Zeit dreimal gehäutet.

Ein Tier hatte nach drei Monaten die Nahrungsaufnahme eingestellt und war mit keinem Trick zum Fressen zu bewegen. Daraufhin habe ich es für vier Wochen eingewintert und langsam wieder auf Betriebstemperaturen gebracht. Daraufhin hat es wieder Nahrung aufgenommen und legte wieder voll zu.

Nach einiger Zeit erlebte ich noch eine Überraschung mit diesen jungen Vipern. Ein Jungtier vom Vorjahr hat sich mit einem erwachsenen Weibchen gepaart. Eine so frühe Geschlechtsreife hatte ich bei meinen Schlangen noch nie erlebt.

Schon zu Zeiten meiner Kreuzottern hatte ich die Erfahrung gemacht, das die Jungtiere sich auch ohne Überwinterung gut entwickeln. Da eine Kreuzotter bei mir achtzehn Jahre alt wurde, hatte das auch keinen Einfluss auf Gesundheit und Lebenserwartung. Das ist jetzt eine persönliche Erfahrung, viele überwintern ihre jungen Europäer grundsätzlich und haben damit auch gute Erfahrungen gemacht. Als ich noch Kreuzotterbabys in Mengen aufgezogen habe, überwinterte ich diese ebenfalls oft für drei Monate. Auf die Gesundheit hatte es keine Auswirkungen.

Das Überwintern der geschlechtsreifen Tiere ist eine andere Geschichte. Die Tiere haben sich im Laufe ihrer Evolution an den entsprechenden Lebensraum angepasst und brauchen die jahreszeitlichen Zyklen für ihren Hormonhaushalt.

Da sich im Herbst bei den Männchen die Spermatozoiden bilden, welche sich im Frühjahr bei ausgiebigem Sonnen durch die Spermiogenese in Spermien umwandeln, ist eine erfolgreiche Vermehrung nur durch die Nachbildung der Winterruhe möglich. Dabei ist nach meinen Erfahrungen die Dauer der Winterruhe nahezu unerheblich.

Einige halten ein striktes Einhalten der klimatischen Aspekte im Lebensraum für unabdingbar für die Pflege. Das halte ich für übertrieben. Die Tiere leben bei uns in dem neuen Lebensraum „Terrarium" und gewöhnen sich je nach Art, recht gut ein.

Wir wollen in unseren Terrarien ja auch keine natürlichen Feinde, keine Parasiten und keine Krankheitserreger, auch das wäre natürlich.

Im Permafrostboden Sibiriens hat man Salamander gefunden, welche über dreißig Jahre eingefroren waren und dieses überlebten. Trotzdem wird kaum jemand fordern, diese Salamander in der Tiefkühltruhe zu pflegen.

Ein besonders heikles Thema ist die Feuchtigkeit des Bodengrundes. Das der Bodengrund im Lebensraum mitunter nass ist, heißt nicht automatisch, dass sie nicht auch auf trockenem Boden leben könnten. In einem nassen Terrarienboden können sich zwangsläufig Bakterien gut vermehren.

Man könnte der Auffassung sein, die durch einen nassen Boden erhöhte Luftfeuchtigkeit wäre für die Atmungsorgane wichtig. Das hat sich bei meinen Tieren über Jahrzehnte nicht bestätigt.

Einige Autoren schreiben, Vipera seoanei würde nur von Pflanzen trinken und nicht aus dem Wassergefäß, dass kann ich aus eigener Erfahrung verneinen. Sie trinken aus dem Wassergefäß.

Die ersten Jahre hatte ich meine Kreuzottern in natürlich eingerichteten Terrarien mit hoher Feuchtigkeit gepflegt. Aus Gründen der Hygiene habe ich später auf eine trockene Haltung umgestellt und keinerlei negative Erfahrungen dabei gemacht.

Zusammenfassend kann ich diese Viper dem verantwortungsvollen Terrarianer sehr empfehlen.

Das Wildschwein ist ein starker Feind aller Schlangen

Eidechsennattern

Hornotter vom Olymp

Vipera seoanei

Vipera seoanei bei der Paarung

Kreuzotter bei der Geburt

Elke mit einer braunen Kreuzotter am Regen

Eidechsennatter

Im Lebensraum der Kreuzotter

Elke mit großer Vierstreifennatter

Unfälle in Deutschland

Aufgrund der leider weitverbreiteten Abneigung gegen Schlangen sind Bissunfälle in den Medien immer besonders publikumswirksam. Wird irgendwo jemand von einer Kreuzotter gebissen, ist sofort von einer Schlangenplage die Rede. Schon im Jahr 1932 machte Dr. Gerhard Benzmer in einer Umfrage zu Zeitungsmeldungen über schwere Bissunfälle die Entdeckung, dass die Bisse und betroffenen Personen überhaupt nicht existierten, oder die Sache völlig harmlos war. Von der Vielzahl der Todesfälle entpuppten sich alle als Zeitungsenten (Bensmer 1932).

Auch bei sorgfältigem Umgang mit gepflegten Vipern ist ein Bissunfall nicht generell auszuschließen. Daher sollte jeder, der diese Tiere pflegt, über mögliche Folgen informiert sein. Bei den besprochenen Arten kommt es glücklicherweise nicht mehr zu Todesfällen, da selbst bei schweren Bissfällen eine Behandlung mit Schlangenserum erfolgreich ist. Bisse von Kreuzottern verlaufen in der Regel auch ohne irgendeine Behandlung harmlos. Als typischen Verlauf möchte ich zwei selbst erhaltene Kreuzotternbisse schildern.

Am 10.10.1990 wurde ich bei der Fütterung von einer meiner Nachzuchtkreuzottern in die linke Daumenkuppe gebissen. Nach 20 Minuten registrierte ich eine Schwellung der linken Hand bis zum Handgelenk. Am 11.10. war auch das Handgelenk leicht geschwollen. Am 13.10. war keine Schwellung mehr vorhanden, lediglich eine leichte Druckempfindlichkeit war noch feststellbar.

Am 18.05.91 um 9 Uhr bekam ich beim Füttern des gleichen Tieres einen Biss in den rechten Mittelfinger am Nagelbett. Infolge des Bisses kam es zu leichtem Blutaustritt. Nach zehn Minuten beginnende Schwellung des Fingers. Um 14 Uhr waren keine Symptome mehr feststellbar.

Ein Bekannter von mir wurde in Frankreich von einer Vipera aspis aspis in die Hand gebissen. Es kam zu keiner Behandlung des Bisses. In den nächsten Tagen litt er unter Durchfall und Brechreiz, nach einer Woche waren die Folgen des Bisses abgeklungen.

Schlusswort

Freuen wir uns jetzt über die Vielfalt an Tieren, welche uns die Natur noch zu bieten hat. Es bleibt nur die Hoffnung, dass bald eine Änderung im Bewusstsein und im Verhalten der Menschheit einsetzt.

Ich hoffe, dass ich den jetzigen oder zukünftigen Pflegern dieser Tiere einige Anregungen geben konnte und den anderen Tierfreunden einen Einblick in ein spannendes Hobby ermöglicht habe. Diese Tiere lohnen es wirklich, sich näher mit ihnen zu beschäftigen. Mir haben sie über viele Jahrzehnte ge-

holfen, mich vom Stress des Alltages zu er-
holen.

Nur wer diese Spannenden Tiere näher kennen
gelernt hat, wird sich auch intensiv für ihren Schutz einsetzen.

Schriften

Benzmer, G. (1932): Giftige Tiere und tieri-
sche Gifte.- Kosmos, Gesellschaft der Natur-
freunde.

Brodmann, P. (1987): Die Giftschlangen Euro-
pas und die Gattung Vipera in Afrika und
Asien. - Bern(Kuemmerly & Frey), 148 S.

Holzberger. H. (1981): Zur Haltung der Ein-
heimischen Kreuzotter(Vipera berus). her-
petofauna, Ludwigsburg, 3(10): 6-9.

Muschketat, L&R. (1989): Erfahrungen bei der
Aufzucht einer Kreuzotter (Vipera berus be-
rus). -herpetofauna, Ludwigsburg, 3 (63) 6 -
10.

Schiemenz, H. (1987): Die Kreuzotter.(Die

Neue Brehm - Bücherei), 108 S.

Orth, K. (1992): Haltung und Nachzucht der Kreuzotter (Vipera b. berus). -Salamandra, Bonn, 28: 121-124.

Orth, K. (1994): Europäische Vipern im Terrarium.- Herpetofauna, Ludwigsburg, 16 (93):31.

Orth, K. (1998): 16 Jahre Haltung und Nachzucht bis zur F4 Generation von Kreuzottern (Vipera b. Berus). Herpetofauna, Ludwigsburg, 20 (113)

Trutnau, L. (1981): Schlangen Bt. 2, Giftschlangen. - Stuttgart (Ulmer), 200 S

Schweiger, M. (1992): Die Europäische Hornviper Vipera ammodytes (Linnaeus, 1758),Teil 2: Haltung und Zucht.- herpetofauna, Weinstadt, 14 (78): 11-16

Danksagung:

Ich danke meiner Frau Elke für die Geduld bei
meinen tierischen Ambitionen und ihrer Hilfe
bei der Entstehung dieses Buches.

Kurt Orth, geboren am 21.01.1949, verheiratet seit 1974, lebt mit seiner Familie in Hessen. Bereits in seiner Kindheit liebte er Tiere über alles und verbrachte seine Zeit zum Leidwesen der Eltern vorwiegend in den Wäldern des Vogelsberges. Nach Berufsausbildungen im Bäcker- und Konditorhandwerk und später im Kaufmännischen Bereich war er seit 1993 als Systembetreuer tätig, nun genießt er seinen Ruhestand. Er hält und züchtet hobbymäßig seit fast 40 Jahren Reptilien und Amphibien und schrieb darüber bereits eine ganze Anzahl an Berichten in Fachzeitschriften, welche zum Teil in mehreren Sprachen veröffentlicht wurden.

In seinem ersten Buch setzte er dem unglaublichen Wiesel Susi ein Denkmal (Susi oder eine Hand voll Glück)

In seinem zweiten Buch (Verlorene Vielfalt) möchte er der Natur und ihren Tieren ein bleibendes Denkmal setzen und die Erinnerung an unwiederbringlich Verlorenes wach halten.

In seinem dritten Buch beschreibt er die größte Europäische Schlange, die Vierstreifennatter.

Das vierten Buch handelt von den Reisen in die Lebensräume der Tiere (Tierisches Reisefieber)

Das fünfte Buch behandelt die brisante Problematik mit eingeschleppten oder selbstständig eingewanderten Tier- und Pflanzenarten (Invasion aus unserer Welt).

Das sechste Buch handelt von der Kreuzotter, der Schlange mit der größten Verbreitung in Europa . Darin schildert seine dreißigjährigen Erfahrungen mit ihr (Ein Leben mit der Kreuzotter).

Das aktuelle Buch handelt von den Europäischen Schlangen, deren Haltung und Schutzmöglichkeiten.

Adresse: Kurt Orth, Baumgartenstraße 34, 35321 Laubach, Mail: kurtorth@kurtorth.de,

Tel. 06405/500206, Internetseite: kurtorth.de

Kurt Orth

www.ingramcontent.com/pod-product-compliance
Lightning Source LLC
Chambersburg PA
CBHW072205280526
45788CB00002B/887